AF258629

NOTICE BIOGRAPHIQUE

SUR

LOUIS-NAPOLÉON BONAPARTE

Président de la République.

IMPRIMERIE MAULDE ET RENOU,

rue Bailleul, 9 et 11.

NOTICE BIOGRAPHIQUE

SUR

LOUIS-NAPOLÉON BONAPARTE

PRÉSIDENT DE LA RÉPUBLIQUE.

PARIS

GARNIER FRÈRES, LIBRAIRES

215, Palais-National, et 10, rue Richelieu.

—

1849.

LOUIS-NAPOLÉON BONAPARTE

PRÉSIDENT DE LA RÉPUBLIQUE FRANÇAISE.

SOMMAIRE : Sa naissance. — L'étoile de Napoléon. — Le boudoir de la reine Hortense. — Portrait d'une reine. — Un enfant. — La mascarade. — Les grenouilles qui demandent un roi. — Le fils d'un honnête homme. — L'abdication. — Plus de royauté. — Un goût de Louis XVIII. — Les conquêtes de la duchesse de Saint-Leu. — Celle qui portait bonheur à l'Empereur. — Les cheveux blonds. — La princesse Louis. — Une mère est reine. — Un républicain de naissance. — Voyez plutôt le fils de Philippe-Egalité ! — Austerlitz et Iéna ne se copient pas. — La commotion de 1830 en Italie. — Mort d'une fluxion de poitrine. — Où aller ? — A Paris. — L'hôtel de la place Vendôme. — La colonne. — Casimir Perrier. — Le temps des fossés de Vincennes est passé. — Châteaubriand console les exilés. — Louis-Philippe, agent provocateur. — Lafayette. — Carrel. — Strasbourg. — A quoi tient le sort d'un *empire*. — Où est le parti napoléonien ? — Réponse renvoyée au 10 décembre 1848. — Lettre aux jurés de Strasbourg. — Les Regulus du fait Paris. — Mort de la reine Hortense. — Le Napoléon de la paix. — *Le casus belli*. — La Suisse à plus de cœur que Venise. — En Angleterre. — Le tournois. — Il n'a pas culotté de pipes. — On ne pense pas à tout. — Boulogne. — L'aigle vivant. —

LOUIS BONAPARTE.

Il naquit le 20 avril 1808, aux Tuileries, à l'ombre du trône impérial.

Il naquit prince par la grâce de Napoléon. Napoléon avait fait un roi de son frère. Alors dans chaque famille française tous étaient soldats ; Napoléon dans la sienne ne voulait que des rois. Il est vrai que chaque giberne de grenadier renfermait un bâton de maréchal et même un sceptre : il ne fallait que l'en faire sortir, et les occasions ne manquèrent pas.

Le neveu de l'Empereur fut salué à sa naissance par des canons tout chauds encore d'avoir tonné la nouvelle de récentes victoires ; et si, fuyant ces présages qui n'annonçaient pas les prospérités de la paix, l'astrologie, comme au vieux temps, avait interrogé les constellations, elle n'eut trouvé au ciel qu'une seule étoile, celle de Napoléon, et dans sa chevelure flamboyante,

il avait autre chose que l'emblème des jours libres
et heureux pour les siens.

Sa mère fut cette douce, gracieuse, bonne et charmante femme qui est restée au souvenir de tous comme
ces airs pleins de grâce et de mélancolie, harmonieux
soupirs que son âme exhalait au sein des fêtes et des
grandeurs, et qui mêlaient une note de chevalerie à ces
héroïques fanfares de l'Empire. Ce sera, dans le récit
épique que l'avenir fera de cette époque gigantesque,
une figure pleine de poésie, celle de cette blonde jeune
femme, mêlée comme une fée de l'Arioste, aux passe-
d'armes de ces hommes de fer. Elle appelait à son aide
les Muses et les Beaux-Arts, afin de pouvoir aimer,
croire, espérer encore : trois facultés qu'on perd vite
dans les cours, aussi bien dans celles de la veille que
dans celles du lendemain. Chaque soir l'on trouvait dans
son boudoir, auteur de sa grande table ronde, le crayon
d'Isabey, la harpe de d'Alvimare, tandis que dans le salon voisin, le terrible homme à la redingote grise, devant
une carte déployée, fixait son œil de feu sur le royaume
à dévorer, sur le peuple à ranger sous son vasselage.

Une femme, qui a été associée aux grandeurs de la
cour impériale, a fait d'Hortense, à dix-neuf ans, le portrait que voici :

« Elle était fort remarquable, sans avoir cependant une
beauté positive, était fraîche comme une fleur, avait les
plus beaux cheveux blonds du monde, et puis, ce qui
fait le charme d'une femme, une tournure gracieuse ;

toute la nonchalance créole et la vivacité française étaient réunies dans une taille svelte comme celle d'un palmier; elle était alors ronde et menue, ce qui est le complément d'une jolie taille. Elle avait de jolis pieds, des mains très blanches avec des ongles bien bombés et rosés; ses cheveux accompagnaient à merveille de leurs grosses boucles soyeuses, des yeux bleus d'une douceur infinie et d'une grande puissance de regard; son teint était celui d'une blonde; elle n'avait pas beaucoup de couleurs, mais ses joues reflétaient assez de rose pour qu'elle eût de la fraîcheur. La fraîcheur de son teint sentait bon sans porter à la tête. Sans être grande, elle paraissait d'une taille élevée, parce qu'elle avait un maintien de femme bien apprise qui lui faisait porter la tête deux pouces plus haut qu'une autre.....

« C'était une personne remarquable sous tous les rapports; elle était gaie, douce, parfaitement bonne, d'un esprit fin qui réunissait cette gaîté douce avec assez de malice pour être fort piquant et rendre sa conversation désirable; possédant des talents qui n'avaient nul besoin d'être vantés pour être connus. Une charmante manière de se mettre, des chants improvisés pleins d'harmonie, un talent remarquable pour jouer la comédie, une instruction soignée : voilà ce qui se trouvait dans Hortense de Beauharnais en 1800. »

En lisant ce portrait, nous avons pensé à d'autres pauvres jeunes fleurs qui, elles aussi, s'épanouirent, un instant, dans cette desséchante atmosphère du trône, et ont été flétries et emportées par les tempêtes qui le battent, sans relâche, comme les pics des Pyrénées. Il n'y a pas une chute de royauté qui n'offre quelqu'une de ces pâles victimes à plaindre ; le ciel, on le dirait, ne veut pas que le cœur du peuple s'abandonne tout entier à la colère, à la vengeance, et il lui garde toujours, dans ces grandes catastrophes, un nom, une figure qui réveillent sa pitié.

Hortense aussi compta des heures de deuil, même avant que les journées néfastes de l'Empire eussent commencé. Qui ne se souvient de la fatale aventure de cette jeune voyageuse qui bondissait avec elle sur le versant des Alpes, et que le vertige poussa dans d'effroyables profondeurs ? Qui n'a pas partagé les angoisses de la reine, quand, elle-même, penchée sur le torrent, suivait d'un regard effrayé ce voile blanc qui descendait, qui descendait, en frôlant les buissons, et sans espoir qu'ils pussent arrêter à leurs frêles épines, cette amie que l'abîme dévorait sous ses yeux ?

Et puis la maternité, cette autre royauté qui se gagne dans la douleur et se perd dans une douleur plus grande encore, lui fut promptement amère. Elle perdit l'aîné de ses fils, celui que Napoléon aimait en père. Les courtisans de toutes les époques ont toujours à leur service une infamie pour expliquer ce qu'ils ne comprennent pas, car ils sont riches en cette sorte de biens ; et ils aiment mieux qu'on accuse leur cœur que leur esprit. Ceux de cette époque donnaient à cette tendresse une autre cause..... O la chose désirable qu'une couronne qui ne permet à un oncle d'aimer son neveu, qu'à la condition de passer pour un infâme incestueux !

Ce premier prince Louis méritait bien, assure-t-on, les prédilections de l'empereur ; c'était un charmant enfant.

« Il est impossible de bien peindre le jeune prince Louis. Cet enfant eût été, s'il eût vécu, un homme bien distingué ; il ressemblait extraordinairement à son père, et conséquemment à l'Empereur. » C'est l'auteur que nous avons déjà cité qui parle ainsi ; il est vrai qu'il ajoute aussitôt : « La méchanceté qui a poursuivi l'Empereur jusque dans ses affections les plus saintes, a fait de cette ressemblance une cause de calomnie tellement indigne, que je croirais me manquer à moi-même en la relatant. Le jeune prince était un enfant charmant, d'une bonté d'une fermeté de caractère qui lui donnait également une ressemblance morale avec son oncle. Je conçois que Napoléon dut sourire à l'avenir de la France, en contemplant cet enfant.

« Un jour l'Empereur allait ou venait de passer une revue, son épée et son chapeau étaient sur un fauteuil de salon ; le jeune prince, accoutumé à être gâté par l'Empereur qui lui laissait toucher à tout chez lui, s'empara de l'épée, la passa autour de son cou, mit le chapeau sur sa tête, et se mit à marcher derrière l'Empereur avec une grande gravité, en faisant à deux fois le *rataplan* le mieux roulé ; l'Empereur se mit à rire. Gérard fit un charmant tableau de cette petite mascarade. »

C'est de cet enfant si regretté qu'on raconte encore cette anecdote qui ne laisse pas que d'être piquante :

Le jour où les députés de la Hollande furent admis à l'audience de l'Empereur, il les reçut avec une grande bienveillance, et pour la leur témoigner d'une manière plus marquante, il fit venir le jeune prince Louis-Napoléon, le présenta à la députation et lui dit d'être aimable pour ceux qui venaient demander à son père de les gouverner. Pour être aimable, comme prince, quand on a cinq ans, on ne peut que réciter des fables ou des vers. Le jeune prince ne se fit pas prier et déclama aussitôt la fable des *Grenouilles demandant un roi.*

Napoléon fut vivement affecté de la mort de cet enfant qui changeait ses projets et le poussa dans les grandes difficultés du divorce. Il resta quelques jours invisible aux yeux de son armée campée dans les plaines de Tilsitt. Voulait-il qu'elle ne sût pas qu'il pouvait pleurer?.. On pourrait le croire, car César, à son retour, en voulut, dit-on, beaucoup à un complimenteur qui, faisant allusion à ce deuil de famille, osa dire : « Mais je vois la douleur et le deuil pénétrer dans les camps victorieux. Ils entrent sous la tente où le vainqueur veille pour la gloire de la France, et le héros a pleuré, il a pleuré sur la mort d'un enfant (1). »

D'autres chagrins, avant-coureurs de plus grandes peines, vinrent assombrir l'âme aimante de la reine

____

(1) Fontanes.

Hortense. La division se mit entre Napoléon et son mari.

Celui-ci avait aux yeux de l'Empereur le tort immense d'avoir pris au sérieux ce rôle de roi qu'il n'avait ni cherché ni sollicité. Il crut que ce sceptre, qu'on lui avait remis, devait être autre chose que l'arme ridicule qu'on met aux mains de l'homme de paille dont on veut effrayer les picoreurs de cerises et de raisins ; il voulut s'en servir dans l'intérêt de ceux qu'il avait l'extrême bonhommie d'appeler ses peuples, comme s'ils pouvaient être autre chose que les peuples du grand Empereur.

Que d'autres, emportés par l'esprit de parti, fassent une accusation contre celui qui était roi de la Hollande, de la répugnance avec laquelle il se prêtait à l'exclusion du commerce qui la faisait vivre, nous n'y voyons, nous, qu'un acte de probité, de courage et d'indépendance. Cet acte honore Louis Bonaparte, il prouve qu'il y avait en lui quelque chose de plus royal que le manteau dont l'avait affublé le grand inaugureur de royautés nouvelles : c'était son cœur. Et certes parmi les titres que le personnage, dont nous nous occupons, puise dans l'histoire du grand homme, il n'en est pas de si honorable, selon nous, que cette courageuse et philosophique abdication qui rendit son père à la liberté, à la paix de sa conscience. Être le neveu d'un grand homme, c'est beau, être le fils d'un honnête homme vaut mieux encore. Renoncer au pouvoir quand on a la conviction qu'on ne peut s'en servir à l'avantage du pays qui vous a adopté, être en état de recevoir cette conviction, avoir le courage de lui sacrifier les séductions de la vanité, les incitations de l'ambition, les avidités de ceux qui vous entourent, c'est laisser un bel et grand exemple dont il faut conserver et honorer le souvenir.

Ce sacrifice d'une royauté ne put désarmer les destins contraires. Celui qui avait pris, donné et repris tant de couronnes, perdit enfin à ce jeu terrible et ne garda même pas son enjeu; ceux des siens qui s'étaient laissé exiler sur des trônes, perdirent le trône et gardèrent l'exil, et ce fut là, en résumé, ce qu'ils durent à sa munificence fraternelle. Elle aussi, la douce, l'inoffensive Hortense vit venir le temps où elle quitterait le sol de la France où elle avait semé tant de bienfaits. Oh! c'est vraiment, nous le répétons, un ciel inclément pour les filles, pour les femmes qui s'abritent à l'ombre du pouvoir, ce ciel de France qu'on peut croire, un instant, si caressant pour elles! Que d'exils, mon Dieu! nous avons vu commencer pour ces pauvres anges, qui ne songeaient qu'aux Beaux-Arts, qu'aux Muses, qu'aux plaisirs; qui séchaient les larmes des malheureux, et faisaient de la solde de la royauté la rente de l'indigence! L'exil pour l'homme est un supplice affreux; mais il a son courage, sa force; il a pour se raidir contre ce coup de vent populaire qui le pousse aux rives de l'étranger, l'idée d'une injustice imméritée, d'une intention méconnue, l'espoir d'un appel entendu par la conscience publique; mais la femme, mais l'enfant..... O plus de royauté, si la royauté ne peut s'implanter chez nous, sans nous offrir, tous les quinze ans, d'aussi navrants spectacles ! La République !... oui, la République, surtout celle qui dira : Plus d'exil ! plus d'exilé !

Pourtant la première invasion ne fit que blesser les affections de famille de la reine Hortense, et elle n'y perdit que le titre de *reine honoraire*, auquel elle tenait bien un peu, ainsi qu'elle l'avouait à ses intimes. Alexandre, qu'elle sut captiver, l'avait fait rentrer dans une somme de 400,000 fr., et Louis XVIII, qui disait, en parlant d'elle : « Je n'ai jamais vu de femme qui réunisse autant de grâce et des manières aussi distinguées ; » Louis XVIII érigea son apanage en duché de Saint-Leu. Le roi en avait été si charmé quand elle vint le remercier, qu'il en parlait sans cesse ; aussi en plaisantait-on quelque peu à la cour, et les siens lui disaient-ils : « Eh bien ! faites prononcer son divorce et épousez-là. »

Alexandre et Louis XVIII ne furent pas les seuls à rendre hommage à cette séduisante personne. La vieille diplomatie tomba à ses genoux... Metternich, Nesserolde et d'autres la proclamèrent la plus avenante la plus spirituelle parmi les spirituelles et les gracieuses. Ainsi les conquêtes de l'Empire continuaient dans un salon de l'hôtel de la rue de Cerutti.

Mais ensuite cette retraite si recherchée servit d'asile à de plus sérieuses déclarations de guerre, ou du moins la police de la Restauration la signala, à tort ou à raison, comme le rendez-vous des mécontents qui apprêtaient le retour de l'île d'Elbe. Ce qui pourrait faire croire à la fausseté de ces accusations, c'est que Napoléon, de nouveau installé, pour quelques jours, aux Tuileries, lui fit un très froid accueil quand elle se présenta devant lui, et lui reprocha d'être restée tranquillement à Paris : « Vous avez mis mes neveux *dans une mauvaise position*, lui dit-il, en les gardant au milieu de mes ennemis. »

Aussi, quand la fortune eut de nouveau abandonné César et ses drapeaux, il fallut cette fois quitter, pour toujours, son hôtel où elle avait été plus reine qu'en Hollande. Elle s'en alla donc; elle s'en alla après s'être agenouillée sur le tombeau de sa mère, de cette autre excellente femme qui, disait le peuple, *portait bonheur à l'Empereur*. Elle aussi, la bonne Impératrice, avant le moment marqué pour la chute de tant de royautés improvisées, avait appris comment on descend du trône. Les différentes dynasties napoléoniennes, créées par la fortune de leur chef, tombèrent avec cette fortune ; mais Joséphine était tombée par son ingratitude : son cœur avait eu plus à saigner que celui des autres, et elle eut plus que les autres à lui pardonner.

La reine Hortense partit donc ; elle avait avec elle ses deux enfants, quoiqu'elle dût en laisser un à son époux. L'ex-roi de Hollande, qui depuis longtemps ne vivait plus avec Hortense, avait en effet obtenu de la justice un arrêt qui lui rendait son fils aîné.

Or, celui qui était encore, à cette époque, prince Louis, avait sept ans, quand pour lui commencèrent les sévères épreuves de l'exil.

Il avait passé au milieu des splendeurs dernières du règne gigantesque qui s'évanouissait, faisant remarquer la profusion de ses beaux cheveux blonds, et un caractère à la fois doux et mutin, ainsi que l'a rapporté Mme d'Abrantès :

« Celui qui est maintenant en Suisse, auprès de sa mère, était aussi un bien aimable enfant. Il était à la fois doux et *mutin*, ce qui plus tard a produit de la bonté et de la force. On l'appelait la *princesse Louis*, en raison de la profusion de ravissants cheveux blonds qui lui donnaient une grande ressemblance avec son excellente et aimable mère. »

La raison du jeune Louis s'éveilla par le spectacle d'angoisses bien cruelles : les douleurs et les terreurs maternelles, tant que dura cette fuite, firent, sans doute, sur ce jeune cœur une impression salutaire.

Cette faible femme ne trouvant pas sur la terre étrangère un toit pour l'abriter elle et ses enfants, errant dans les bois, repoussée des villes et des bourgades, et s'écriant à la fin de sa patience et de son courage : « Je n'ai plus qu'à me jeter dans le lac, car il faut bien que je sois quelque part, » dut regretter amèrement la part qu'elle avait prise à l'éphémère rétablissement du trône impérial ! Elle y avait perdu sa douce vie de quiétude, d'étude et de rêverie, et maintenant elle n'avait plus la chaleur de son soleil et la douceur de la société, « les premiers biens, disait-elle, pour une âme comme la mienne. »

Mais enfin arriva le moment où les potentats, un peu rassurés par l'exil de Sainte Hélène, firent peser une proscription moins ombrageuse et moins dure sur les restes dispersés de la famille impériale. La duchesse de Saint-Leu put donc aller chercher en Suisse le repos qui la fuyait depuis neuf ans. Elle s'établit dans le canton de Thurgovie au château d'Arenemberg. Depuis neuf ans, elle s'était exclusivement occupée de l'éducation de ses enfants. Elle avait retrouvé ses forces pour remplir cette sainte mission. La frêle jeune femme, ce modèle d'élégance sur le théâtre de ses splendeurs passées, avait relevé et tenait la tête plus haute encore qu'elle ne la portait dans ces cercles de princes et de rois dont elle avait été le plus gracieux ornement, elle n'était que reine alors, elle était mère maintenant. L'accomplissement des saints devoirs de la nature donne à la femme une dignité qu'elle ne trouve pas ailleurs.

La duchesse de Saint-Leu avait appelé auprès de son fils un Français, maître de conférences à l'école normale, homme d'un grand mérite nous le croyons, car nous rendons trop de justice à l'esprit droit et juste de la mère du prince Louis, pour croire qu'elle ait été déterminée dans ce choix par un autre motif, la position politique de cet instituteur, fils d'un conventionnel ; et quoique un ami maladroit ait imprimé quelque part que c'était surtout en raison de ses principes républicains que ce savant fut appelé par la duchesse de Saint-Leu à l'honneur de diriger l'éducation de son fils, nous avons tout lieu de penser qu'il en fut autrement, et cela dans le sentiment de l'intérêt profond que nous portons à la mémoire de cette ex-reine, dont on veut faire, si mal à propos, une républicaine de l'avant-veille. D'ailleurs, ce n'est pas une raison parce que l'on est fils d'un conventionnel pour qu'on soit plus imbu ou plus partisan qu'un autre des idées républicaines... Voyez plutôt le fils de Philippe-Égalité !

C'est dans ce moment de notre récit qu'apparaît avec des traits plus précis, plus accusés la figure, du prince Louis. L'enfance est finie pour lui, et le jeune homme se montre avec son caractère, ses goûts, ses tendances qui peuvent faire juger ce qu'il sera le reste de sa vie. On voit tout d'abord en celui-ci la généreuse résolution d'imiter le grand modèle qu'il fait poser devant lui dans l'homme extraordinaire dont le nom fait sa gloire, dont le nom est son plus bel héritage. C'est là une louable étude : en s'habituant à copier un grand original, on se familiarise avec ce qui est noble, et grand ; mais il faut apporter beaucoup de discernement dans ces essais d'imitation. Si la figure qu'on s'efforce de reproduire a des défauts, comme ceux-ci sont plus faciles à prendre que les qualités, ce travail opiniâtre ne produit après tout qu'une œuvre peu satisfaisante : les défectuosités du modèle s'y retrouvent, sans la compensation de ses grandes et originales beautés.

Napoléon s'était distingué de bonne heure par son aptitude aux sciences mathématiques ; son neveu se livra avec ardeur à la science des Legendre et des Laplace. Napoléon avait changé l'art de la guerre en calculant, en développant, en perfectionnant la force terrible de l'artillerie ; son neveu n'eut de relâche qu'après avoir mis son nom à un *Manuel d'Artillerie.* Son oncle était un grand tacticien ; son neveu profita du voisinage d'un régiment badois, en garnison à Constance, pour se former aux manœuvres militaires. Plus tard, pour compléter la ressemblance, il fut admis au camp de Thoun, réuni chaque année pour l'instruction des officiers de génie et d'artillerie de la Suisse. Il prit part à tous les exercices, le sac sur le dos, la brouette ou le compas à la main, bivouaquant, et mangeant, avec les soldats, le pain de munition. « Habile tireur, excellent cavalier, il se faisait remarquer entre tous, ajoute l'un de ses biographes ; il était infatigable dans les courses sur les glaciers, et traversait souvent à la nage le grand lac de Constance. »

Hélas ! tout cela était plus facile à imiter qu'Austerlitz et Iéna, et si l'oncle commença sa glorieuse carrière en chassant les Anglais de Toulon, son neveu fut moins heureux, à son début, vis-à-vis des Autrichiens.

Il était en Italie avec sa mère, avec son frère, alors

que le sol remuait par le fait de la commotion de 1830. La France est comme le géant enseveli sous le Vésuve : il ne peut se retourner sur sa couche de feu que toute l'Italie ne tremble. Les Napoléon de Hollande avaient aussi tressailli, mais d'espoir et de joie, à ce signal parti de Paris, car ils le prirent d'abord, comme tant d'autres, pour une annonce de liberté et de délivrance.

Cette révolution cependant qui semblait leur présager des jours plus heureux, et devait, ainsi qu'ils se le figuraient d'abord, leur ouvrir les portes de la patrie, ne fut pour eux qu'une source d'infortunes nouvelles et de nouvelles déceptions.

Donc la révolution de Juillet prolongeait son retentissement dans l'Europe entière. L'Italie fut la première à s'émouvoir du contre-coup. Gémissante et courbée sous un joug odieux, cette noble terre vit dans le triomphe de la liberté à Paris, le moment opportun qu'elle attendait pour prendre sa revanche, et sans compter ses ennemis, sans calculer ses forces, sans savoir si son noble élan serait comprimé ou soutenu par les puissances qui l'environnent, et par celle-là même qui ranimait d'aussi justes espérances, elle releva la bannière de son indépendance.

L'événement ne tarda pas à dissiper les illusions dont elle se berçait. Les Autrichiens ne firent que se montrer, et les défenseurs de la liberté italienne disparurent. Ce dut être encore une leçon bien cruelle pour l'exilé.

2

Lorsque la révolution avait éclaté dans les états du Saint-Siége, les deux fils d'Hortense s'y étaient jetés tête baissée, et avec un louable élan; mais ils portaient un nom qui effraie les rois et inquiète la liberté. Les patriotes italiens furent donc défaits sans eux, car la méfiance italienne ne leur permit pas de combattre, et le gouvernement les fit revenir à Bologne. L'aîné des deux frères, atteint par une inflammation de poitrine, mourut à Forli. Mourir dans son lit, d'une fluxion de poitrine, au bruit du canon... quelle mort pour un soldat qui se nomme Napoléon! Son frère éploré allait tomber au pouvoir des Autrichiens, il dut son salut au courage de sa mère. Elle connaissait la cruauté et l'esprit de vengeance de la police autrichienne ; tous les patriotes qu'on pouvait saisir étaient impitoyablement fusillés... Comment sauver son fils, le seul fils qui lui reste ? Dans l'état où il se trouvait, peut-elle se hasarder à courir les chances d'un voyage : la faiblesse du malade lui permettait à peine d'en supporter les fatigues. Que faire pourtant ? la mort l'environne en Italie, l'Allemagne lui est fermée, une loi cruelle proscrit en France sa tête menacée... Elle se résout à chercher un refuge en Angleterre. Elle traversera incognito la France pour aller s'embarquer à Calais. L'énergie de la mère semble s'être communiquée au fils et domine ses souffrances. — Ils arrivèrent sans malencontre à Paris. Ce jour-là même, le général Sébastiani annonçait au Conseil des ministres qu'ils venaient de débarquer à Malte.

Mais ce ne fut pas le seul fait remarquable qui signala cet épisode de l'épopée des fugitifs.

Ils étaient descendus dans un hôtel de la rue de la Paix, voisin de la place Vendôme. Voici que tout à coup de grandes clameurs frappèrent leurs oreilles. Ils écoutent, ils croient entendre, ils entendent un nom bien connu d'eux. Ce nom, ces cris l'emportent sur la prudence qui les avait jusqu'alors tenus éloignés de la fenêtre. Ils y courent, la croisée s'ouvre... Quel spectacle pour les proscrits ! Le bronze de la colonne resplendissait de mille feux, une foule enthousiaste y appendait des couronnes d'immortelles, et l'aigle semblait agiter ses ailes à la base du monument qui se dressait devant eux, avec sa spirale de victoires ; c'était le peuple qui célébrait le 5 mai, l'anniversaire de la mort de l'Empereur.

Certes, si alors ce pâle jeune homme qui venait de donner des preuves de son amour pour la liberté ; si cette femme séduisante qui avait laissé en France tant de souvenirs, eussent pris la parole pour faire un appel à ces souvenirs, à cette gloire qu'on célébrait en bas avec d'aussi vifs élans, si l'une eût dit : Je suis la sœur de l'Empereur que vous pleurez, et l'autre : Je suis son neveu ! nul doute que le prince Louis n'eût été dispensé, ce jour-là, de tenter la fortune d'abord à Strasbourg et ensuite à Boulogne. Une révolution nouvelle éclatait à Paris.

Les mots qui pouvaient amener un dénouement si

prompt ne furent pas dits. Au lieu d'agir et de parler on écrivit, et Hortense fit tenir à Louis-Philippe une lettre fort digne, où elle lui annonçait son arrivée à Paris, et son intention d'y demeurer jusqu'à ce que son jeune fils, que dévorait la fièvre, pût continuer son voyage.

Le gouvernement de Louis-Philippe prouva qu'il était digne de cette confiance. Casimir Perrier, alors ministre, vint, de la part *du roi*, assurer les fugitifs qu'ils étaient en sûreté ; on ajoute même qu'il leur offrit des secours ; mais il insista sur la gravité des circonstances pour hâter leur départ.

Nous nous rappelons encore l'effet que, plus tard, il produisit sur la chambre, quand, maladroitement interpellé à ce sujet, il répondit en se bornant au récit des faits et de ses rapports avec la reine Hortense et son fils... Il n'y eut qu'une voix pour approuver cette conduite. Le temps *du fossé de Vincennes* était passé.

Le grand écrivain que pleure la France, le plus digne et le plus éloquent interprète des sentiments de la branche aînée des Bourbons, avait déjà montré la même modération, la même générosité.

« Ce sont, dit-il, les étrangers qui ont provoqué le bannissement des membres de la famille impériale : des conventions diplomatiques, des traités formels prononcent l'exil des Bonaparte, leur prescrivent jusqu'aux lieux qu'ils doivent habiter, ne permettent pas à un ministre ou à un ambassadeur des cinq puissances de délivrer *seul* un passeport aux parents de Napoléon ; le visa des quatre autres ministres ou ambassadeurs des quatre autres puissances contractantes est exigé, TANT CE SANG DE NAPOLÉON ÉPOUVANTAIT LES ALLIÉS, LORS MÊME QU'IL NE COULAIT PLUS DANS SES PROPRES VEINES.

« Grâce à Dieu! je ne me suis jamais soumis à ces mesures : avant qu'un ministre de Louis-Philippe allât voir un enfant et une femme, j'avais délivré, sans consulter personne, en dépit des traités et sous ma propre responsabilité comme ministre des affaires étrangères, un passeport à Mme la comtesse de Survilliers, alors à Bruxelles. pour venir à Paris soigner un de ses parents malades. Vingt fois j'ai demandé le rappel de ces lois de persécution ; vingt fois j'ai dit à Louis XVIII que je voudrais voir le duc de Reichstadt capitaine de ses gardes, et la statue de Napoléon replacée au haut de sa colonne.

« Ambassadeur à Rome, j'autorisai mes secrétaires et mes attachés à paraître au palais de Mme la duchesse de Saint-Leu; je fis cesser la séparation que je trouvai établie entre des Français qui avaient également connu l'adversité. J'écrivis à M. le cardinal Fesch, à sa sortie du conclave, pour l'inviter à se joindre aux cardinaux qui devaient se réunir chez moi; je lui témoignais ma douleur des mesures politiques qu'on avait cru devoir prendre; je lui rappelais le temps où j'avais fait partie de sa mission auprès du Saint-Siége; je priais mon ancien ambassadeur d'honorer de sa présence le banquet de son ancien secrétaire d'ambassade.

« Le prince Jérôme me fit l'honneur de réclamer mon intervention, dans une occasion particulière, en m'envoyant copie d'une requête qu'il adressait au cardinal secrétaire d'Etat ; il me disait dans sa lettre :

« L'exil est assez affreux dans son principe comme dans ses conséquences, pour que cette généreuse France qui l'a vu naître (le prince Jérôme), cette France, qui possède toutes ses affections, et qu'il a servie vingt ans, veuille aggraver sa situation en permettant à chaque gouvernement d'abuser de la délicatesse de sa position.

« Le prince Jérôme de Montfort, confiant dans la loyauté du gouvernement français et dans le caractère de son noble représentant, n'hésite pas à penser que justice lui soit rendue.

Signé : JÉRÔME.

« Rome, 9 mai 1829. »

J'adressai en conséquence de cette requête, une note confidentielle au secrétaire d'Etat le cardinal Bernetti ; elle se terminait par ces mots :

« Les motifs déduits par le prince Jérôme de Montfort ayant paru au soussigné fondés en droit et en raison, il n'a pu refuser l'intervention de ses bons offices au réclamant, persuade que le gouvernement français verra toujours avec peine aggraver, par d'ombrageuses mesures, la rigueur des lois politiques.

« Le soussigné mettrait un prix tout particulier à obtenir, dans cette circonstance, le puissant intérêt de S. Em. le cardinal secrétaire d'Etat.

Signé : CHATEAUBRIAND. »

« Je répondis en même temps au prince Jérôme ce qui suit :

« Rome, 9 mai 1829.

« L'ambassadeur de France près le Saint-Siége a reçu

copie de la note que le prince Jérôme de Montfort lui a fait l'honneur de lui envoyer. Il s'empressera de le remercier de la confiance qu'il a bien voulu lui témoigner ; il se fera un devoir d'appuyer, auprès du secrétaire d'Etat de Sa Sainteté, les justes réclamations de Son Altesse.

« Le vicomte de Châteaubriand, qui a aussi été banni de sa patrie, serait trop heureux de pouvoir adoucir le sort des Français qui se trouvent encore placés sous le coup d'une loi politique. Le frère exilé de Napoléon s'adressant à un émigré, jadis rayé de la liste des proscrits par Napoléon lui-même, est un de ces jeux de la fortune qui devait avoir pour témoins les ruines de Rome.

Signé : CHATEAUBRIAND. »

« J'ai cru devoir mettre au jour mes rapports avec la famille de Bonaparte, non pour en faire un vain étalage, mais pour fortifier mes arguments en faveur d'une autre famille, en montrant que je les tire autant de mes principes que de mon dévouement.

« J'ai rendu, comme ministre et comme ambassadeur, tous les services que j'ai pu à la famille Bonaparte ; elle peut me désavouer si je ne dis pas la vérité : il n'a pas tenu à moi qu'elle n'ait été rappelée en France, et que même la statue de Napoléon n'ait été replacée au haut de sa colonne. C'est ainsi que je comprenais largement la monarchie légitime : il me semblait que la liberté devait regarder la gloire en face. »

Nous venons de parler du rétablissement de la statue de Napoléon sur la colonne de la place Vendôme. Le gouvernement de Louis-Philippe et la France qui, par son anthousiasme napoléonien, semblaient se poser en *agents provocateurs* vis-à-vis de l'héritier de ce grand nom, ne lui épargnèrent pas cette séduction nouvelle. Comment n'aurait-il pas cédé à tant d'impulsions ? La France, depuis trente ans, n'est-elle pas merveilleusement travaillée dans ce sens. Il n'y a pas une chanson populaire sur l'orgue de Barbarie, une pièce sur nos théâtres, une lithographie à la vitre de nos marchands d'images qui n'excite les souvenirs de ces temps et n'en presse le retour. Tous les gouvernements se sont associés à ce mouvement et l'ont accéléré; mais ce fut surtout Louis-Philippe qui poussa à la roue du char de triomphe impérial avec la plus admirable maladresse. Jugeant qu'il ne pouvait se passer d'une gloire quelconque, et se sentant incapable d'en faire, il trouvait doux d'en exploiter une toute faite et qui ne lui coûtât rien. Or, ce n'est pas nous qui reprocherons au neveu de l'Empereur d'avoir cherché à mettre l'exploitation à son compte et profit, et, en vérité, après tant d'efforts faits pour multiplier les partisans de l'empire, on serait mal venu à lui faire un crime d'être bonapartiste !

Mais Louis-Philippe entendait qu'on s'en tînt aux affections platoniques, et en élevant bien haut la couronne impériale, pour faire admirer son éclat, il disait : *Mirar y non tocar !* et il trouva fort mauvais qu'on essayât, à Strasbourg, de faire aboutir cette excitation provoquée et entretenue avec tant de complaisance.

« En 1836, dit un biographe que nous avons cité déjà, ému des agitations qui se multipliaient en France, et entraîné par son courage, par son désir de servir sa patrie, Louis-Napoléon Bonaparte crut que le moment était venu de renverser un gouvernement qui s'était mis en opposition avec les sentiments démocratiques de la nation. Des hommes de toutes les opinions le confirmaient dans cette pensée. M. de Châteaubriand lui avait écrit : *« Prince, il n'y a pas de nom qui aille mieux à la gloire de la France que le vôtre. »* Le général Lafayette lui faisait faire des avances. Armand Carrel avait dit à l'un de ses amis : *« Les ouvrages de Louis-Napoléon Bonaparte annoncent une bonne tête et un noble caractère ; le nom qu'il porte est le plus grand des temps modernes ; c'est le seul qui puisse exciter fortement les sympathies du peuple français. Si ce jeune homme sait comprendre les nouveaux intérêts de la France ; s'il sait oublier ses droits de légitimité impériale pour ne se rappeler que la souveraineté du peuple, il peut être appelé à jouer un grand rôle. »* Enfin, beaucoup d'officiers de toutes armes l'avaient fait assurer de leur dévouement.

« Déjà M. Laity, dans sa brochure, avait parlé des incitations de Lafayette ; M. Sarrans, ancien aide-de-camp du général, et fort bien placé pour savoir ce qui en était, a rectifié ainsi cette assertion : « Sans doute, des amis plus ardents qu'éclairés, auxquels il confiait ses douleurs de proscrits, poussèrent son inexpérience à ce coup hardi de Strasbourg ; mais des écrivains moins véridiques que dévoués l'ont très inexactement attribué à des excitations imaginaires : « Lafayette, ont-ils dit, en-
« gageait le prince Louis à se mettre à la tête des idées
« démocratiques de la France, lui promettant le con-
« cours de son nom et de sa vieille expérience. » Cette

assertion, contre laquelle s'élève la vie entière de l'illustre général, exprime une chose qui n'est ni vraie ni vraisemblable. Le prince Louis eut en effet un entretien avec Lafayette, et voici littéralement les paroles que lui adressa le vétéran de la liberté : « En 1830, nous « avons tous commis une grande faute, pour ne pas dire « un crime. Au lieu de mettre la France en demeure de « se prononcer sur le système et sur les hommes qui « lui convenaient, nous lui avons imposé une forme de « gouvernement et une dynastie. De là toutes les dé-« ceptions qui ont suivi les trois grandes journées. Si « une nouvelle révolution vient à éclater, et je la crois « inévitable, le premier devoir des hommes qui la diri-« geront devra être de convoquer des assemblées pri-« maires, afin que, cette fois, le pays dise hautement et « nettement ce qu'il veut. Eh bien, vous portez un nom « populaire, et si la France, sincèrement interrogée, « croyait devoir s'y rallier, je ferais ce que j'ai fait toute « ma vie : je m'inclinerais devant le verdict souverain « de mon pays. » Or, il y a quelque différence entre cette loyale profession de principes et les paroles qu'un zèle indiscret a prêtées à Lafayette *mort.* »

Quant à Châteaubriand, sa lettre valait bien la peine qu'on la citât tout entière : c'est un monument historique. La voici :

« Prince, j'ai lu avec attention la petite brochure que vous avez bien voulu me confier ; j'ai mis par écrit, comme vous l'avez désiré, quelques réflexions naturellement nées des vôtres, et que j'avais déjà soumises à votre jugement.

« Vous savez, prince, que mon jeune roi est en Écosse, et que tant qu'il vivra il ne peut y avoir pour moi d'autre roi de France que lui. Mais si Dieu, dans ses impénétrables desseins, avait rejeté la race de saint Louis, si notre patrie devait revenir sur une élection qu'elle n'a pas sanctionnée, et si *ses mœurs ne lui rendaient pas l'état républicain possible*, alors, prince, il n'y a pas de nom qui aille mieux à la gloire de la France que le vôtre.

« Je garderai un profond souvenir de votre hospitalité et du gracieux accueil de madame la duchesse de Saint-Leu. Je vous prie de mettre à ses pieds l'hommage de ma reconnaissance et de mon respect.

« Je suis, avec une haute considération, prince, votre très humble et très obéissant serviteur.

« CHATEAUBRIAND. »

Le 30 octobre 1836, Louis-Napoléon arriva subitement à Strasbourg. Strasbourg avait pour garnison deux régiment d'artillerie, un régiment de pontonniers et trois régiments d'infanterie. « Soldats ! s'écria le prétendant au débotté, appelé en France par une députation des villes et garnisons de l'Est, et résolu à vaincre ou à mourir pour la gloire et la liberté du peuple français, c'est à vous les premiers que j'ai voulu me présenter, parce qu'entre vous et moi il existe de grands souvenirs. A ces paroles adressées au régiment dans lequel Napoléon avait fait ses premières armes, les soldats répondirent : *Vive l'empereur !*

Il allait avoir le même succès auprès du 46e d'infanterie, lorsque l'un des officiers de ce régiment répandit le bruit que celui qui se présentait si audacieusement devant eux était un imposteur et non pas le neveu de Napoléon. Un coup hardi, la mort de l'officier qui lui barrait le chemin, eût peut-être rendu incertain le sort de cette journée; mais le prince recula devant cette nécessité terrible, et il perdit la partie !

A quoi tient le sort d'*un empire !*

Celui qui voulait ressusciter l'établissement Napoléonien, invoquait du reste les principes qui ont triomphé en 1848, et il disait dans ses proclamations : « En 1830, on imposa à la France un gouvernement, sans consulter ni le peuple de Paris, ni le peuple des provinces, ni l'armée. Français! tout ce qui a été fait sans vous est illégitime.

« Un congrès national, élu par tous les citoyens, peut seul avoir le droit de choisir ce qui convient le mieux à la France.

« Paris, en 1830, nous a montré comment on renverse un gouvernement impie; montrons-lui, à notre tour, comment on consolide les libertés d'un grand peuple. »

Ainsi, pour consolider les libertés d'un grand peuple, vous voulez inaugurer leur triomphe définitif au moyen d'un de ces soulèvements qui précipitèrent l'empire romain dans les convulsions de l'anarchie armée ! Vous voulez rendre les baïonnettes constituantes, elles qui n'ont de pointe que pour perforer les constitutions et faire sauter par les fenêtres ceux qui les font : voilà ce que la raison et le bon sens auraient pu répondre à cette déclaration. Mais la raison pouvait-elle être invoquée dans un temps et sous un gouvernement qui en manquait si complétement? L'inconséquence, le non sens, la folie, le continuel croc-en-jambe au bon sens, au droit, à la justice, n'était-ce pas là le caractère de cette situation qu'on nommait l'*état de choses*?— Après tout, les 220 boules qui avaient fait le trône de Louis-Philippe ne pesaient pas tant que les 200 sabres qui eussent appuyé le pavois du vainqueur s'il l'eût emporté. D'ailleurs n'avait-il pas à jeter dans le plateau de la balance cet ancien compte de trois millions et quelques cent mille voix, qui avaient appelé au trône Napoléon et sa descendance, compte signé par la plume taillée pour rédiger quelque traité glorieux pour la France, compte scellé par le pommeau d'une grande épée et paraphé par la victoire!

Une lettre écrite par le vaincu, le lendemain de sa défaite, donne des explications sur sa détermination. Nous la reproduisons sans commentaire en la recommandant à ceux qui font du passé d'un homme les inductions de son avenir :

« New-Yorck, 30 avril 1837.

« Maintenant, je vous dois une explication des motifs qui m'ont fait agir. J'avais, il est vrai, deux lignes de conduite à suivre ; l'une, qui, en quelque sorte, dépendait de moi, l'autre, des événements. En choisissant la première, j'étais, comme vous le dites fort bien, *un moyen*; en attendant l'autre, je n'étais qu'*une ressource*. D'après mes idées, le premier rôle me semblait bien préférable au second. Le succès de mon entreprise m'offrait les avantages suivants : je faisais par un coup de main, en un jour, l'ouvrage *de dix années*; en réussissant, j'épargnais à la France les luttes, les troubles, les désordres d'un bouleversement qui arrivera, je crois, tôt ou tard. L'esprit d'une révolution, dit M. Thiers, se compose de passions pour le but et de haines pour ceux qui font obstacle. *Ayant entraîné le peuple par l'armée*, nous aurions eu les nobles passions sans la haine, car la haine ne naît que de la lutte entre la force physique et la force morale. Personnellement ensuite, *ma position était claire, nette, surtout facile*. Faisant une révolution avec quinze personnes, si j'arrivais à Paris, je ne devais ma réussite qu'au peuple et non à un parti; arrivant en vainqueur je déposais, de plein gré, sans y être forcé, mon épée sur l'autel de la patrie; on pouvait alors avoir foi en moi, car ce n'était plus seulement *mon nom*, c'était ma personne qui devenait une garantie. Dans le cas contraire, je ne pouvais être appelé que par *une fraction du peuple*, et j'aurais pour ennemis, non un gouvernement débile, mais une foule de partis eux aussi peut-être nationaux.

« D'ailleurs, empêcher l'anarchie est plus facile que de la réprimer; diriger les masses est plus facile que de suivre leurs passions. *Arrivant comme ressource, je n'étais qu'un drapeau de plus jeté dans la mêlée*, dont l'influence, immense dans l'agression, eût peut-être été *impuissante pour rallier*. Enfin, dans le premier cas, j'étais au gouvernail sur un vaisseau qui n'a qu'une seule résistance à vaincre; dans le second cas, au contraire, j'étais sur *un navire battu par tous les vents, et qui, au milieu de l'orage, ne sait quelle route il doit suivre*. Il est vrai qu'autant la réussite de ce premier plan m'offrait d'avantages, autant le non succès prêtait au blâme. Mais, en entrant en France, je n'ai pas pensé au rôle que me ferait une défaite; je comptais, en cas de malheur, sur mes proclamations comme testament, et sur la mort comme un bienfait. Telle était ma manière de voir... » ·

Dans une autre lettre, M. Louis Napoléon disait encore :

« On vous demandera, comme le font déjà certains journaux, où est le parti napoléonien. Répondez : Le parti n'est nulle part, et la cause partout. Le parti n'est nulle part, parce que mes amis ne sont pas enrégimentés ; mais la cause a des partisans partout, depuis l'atelier de l'ouvrier jusque dans les conseils du roi ; depuis la caserne du soldat jusqu'au palais du maréchal de France. Républicains, juste-milieu, légitimistes, tous ceux qui veulent un gouvernement fort, une liberté réelle, une attitude gouvernementale imposante, tous ceux-là, dis-je, sont napoléonistes, qu'ils s'en rendent compte ou non ; car le système impérial n'est pas l'imitation bâtarde des constitutions anglaise ou américaine, mais bien la formule gouvernementale des principes de la révolution : c'est la hiérarchie dans la démocratie, l'égalité dans la loi, la récompense pour le mérite, c'est enfin un colosse pyramidal à base large et à tête haute.

Il ajoute dans le même écrit :

« Si un jour les partis renversaient le pouvoir actuel, si habitués qu'ils sont depuis 23 ans *à mépriser l'autorité*, s'ils *sapaient toutes les bases de l'édifice social,* alors peut-être le nom de Napoléon serait une ancre de salut pour tout ce qu'il y a de généreux et de vraiment patriote en France. »

Ce coup de main, pour nous servir de l'expression employée par l'auteur de la lettre, conçu et exécuté en dehors des règles du bon sens et de la raison, devait être jugé en dehors des lois de la justice et du droit.

Arrêté, jeté dans la citadelle, conduit à Paris à la préfecture de police, il apprit de la bouche de M. Delessert qu'il allait être embarqué pour les Etats-Unis. Il protesta énergiquement contre cette mesure exceptionnelle ; il réclama le jugement de ses concitoyens assemblés en jury, afin de disculper ceux qui avaient pris part à son entreprise ; mais ce fut vainement, et bientôt après il était transporté jusqu'aux plages lointaines du Brésil par la frégate l'*Andromède*, qui le débarqua enfin, après six mois de mer, sur les côtes de l'Amérique du Nord.

Les journaux ministériels prétendirent faussement qu'il s'était engagé à ne point revenir en Europe avant dix années. Le contraire fut démontré depuis, et admis par le procureur-général près la Cour des pairs, mais on ne dit pas qu'il ait démenti cette lettre qui fut lue aux jurés pendant le procès de l'affaire de Strasbourg.

« Malgré mon désir de rester avec mes compagnons d'infortune et de partager leur sort, malgré mes réclamations à ce sujet, le roi, *dans sa clémence*, a ordonné que je fusse conduit à Lorient, pour passer de là en Amérique. *Quoique vivement touché de la générosité du roi*, je suis profondément affligé de quitter mes coaccusés, dans l'idée que ma présence à la barre, que mes dépositions en leur faveur, auraient pu influencer le jury et l'éclairer sur plusieurs faits importants.

» Certes, *nous sommes tous coupables envers le gouvernement d'avoir pris les armes contre lui*; mais le plus coupable c'est moi ; c'est celui qui, méditant depuis longtemps une révolution, est venu tout à coup arracher des hommes à une position honorable, pour les livrer à tous les hasards d'un mouvement populaire.

« Vous voyez donc que c'est moi qui les ai séduits en leur parlant de tout ce qui est capable de toucher un cœur français ; ils me parlaient de leur serment, je leur rappelai qu'en 1815 ils avaient juré fidélité à Napoléon II et à sa dynastie... *Pour leur ôter même tout scrupule je leur dis qu'on parlait de* LA MORT PRESQUE SUBITE DU ROI, *et que la nouvelle paraissait certaine. On verra par là combien j'étais coupable envers le gouvernement ; or le gouvernement a été généreux envers moi*, il a trouvé que ma position d'exilé, que mon amour pour la France, que ma parenté avec l'empereur étaient des *causes atténuantes.* »

Les journaux ayant publié cette pièce, notre impartialité nous faisait un devoir de ne pas l'oublier ; mais qui ne voit pas que toutes ces concessions de langage ne sont qu'un passe-port, afin de faire arriver aux jurés une recommandation pour les amis dévoués qui s'étaient associés à son sort ? Les Régulus du fait-Paris qui blâment ces passages, oublient qu'il ne s'agissait plus de lui, mais uniquement de ses compagnons d'infortune, et qu'un cœur généreux n'hésite pas à faire au salut de ceux qui se sont exposés pour lui, des concessions qu'il refuserait à sa propre conservation. C'était en ce cas sacrifice pour sacrifice, et celui-là ne fut pas le moins pénible de ceux qu'il s'imposa pour les aider.

Ceux qu'on nommait ses complices furent tous acquittés... Le jury reconnut et proclama ainsi le grand principe de l'égalité devant la loi, et les balances de la justice, ce jour-là, se trouvèrent justes.

Avec les prévenances dont il était susceptible, le juste-milieu, ainsi que nous l'avons déjà dit, transporta le proscrit aux États-Unis. Dans une première visite, il l'avait accompagné jusqu'à la porte, cette fois il prit la peine de le reconduire un bout du chemin, et le voyageur n'était pas en mesure de lui dire : Ne vous dérangez donc pas!

La nouvelle que sa mère allait mourir le fit accourir en Europe, et il eut du moins la consolation d'arriver à temps, à Arenemberg, pour recevoir ses derniers soupirs, ce qui arriva le 3 octobre 1837.

Ainsi s'éteignit, sur la terre d'exil, celle qui avait trouvé tant de souffrances dans les grandeurs, et tant de grandeur dans les souffrances. Cette nuit là, une corde se cassa à la harpe de la muse française, quelque rosier blanc s'effeuilla au parterre de la Malmaison, et sous les beaux et solitaires ombrages de Mortefontaine, on entendit des voix aériennes chanter, sur les airs qu'affectionnait la douce châtelaine, les plaintes des bergères qui pleurent parce qu'elles ne la reverront plus. Elle se réveilla du moins, un matin, avant de s'endormir de son dernier sommeil, elle se réveilla à la douce pression des bras de son fils éploré ; et tout là-bas, là-bas..., quand il avait rêvé ses plus beaux rêves, les rêves qui lui rendaient les embrassements de son enfant, l'Empereur se réveillait en tressaillant, car il croyait sentir la main de son fils presser la sienne... et c'était le doigt du geôlier anglais qui comptait les dernières pulsations de son pouls !

Le juste-milieu, lui, ne dormait pas depuis qu'il savait qu'un fils était là, à ses portes, pleurant sur le tombeau de sa mère. Le Napoléon de la paix fut à la veille de renoncer aux gloires de ce nom, gagné par tant de camouflets héroïquement supportés, pour forcer la Suisse hospitalière à expulser son hôte. Le ministère du 15 avril fit de cette exclusion un *casus belli*, et le 4 août il écrivait à l'ambassadeur du gouvernement en Suisse : «Vous « déclarerez au vorort que si, contre toute attente, la « Suisse, prenant fait et cause pour celui qui compromit « si gravement son repos, refusait l'expulsion de Louis « Bonaparte, vous avez ordre de demander vos passe- « ports. »

La diète helvétique résista noblement à ces instances et s'arma pour la défense de sa souveraineté menacée. Alors on fut à la veille de voir une puissante monarchie se ruer sur un faible État qui fut toujours son allié, pour en arracher un proscrit que couvrait le droit des gens... C'était bien lâche et bien maladroit; car l'on n'a jamais mieux pris à tâche de grandir un adversaire et de lui donner de l'importance.

La République, ou plutôt le Directoire, avait aussi forcé Venise de chasser Louis XVIII. Venise avait cédé sans résistance, et le roi de France était parti après avoir fait effacer son nom du livre d'or. La Suisse eut plus de cœur; aussi le neveu de l'empereur des Français, en s'éloignant, pour ne pas exposer sa patrie d'adoption aux hasards d'une lutte inégale, adressa cette lettre au président du conseil de Turgovie :

« Monsieur le landamann,

« Lorsque la note du duc de Montébello fut adressée à la diète, je ne voulus point me soumettre aux exigences du gouvernement français ; car il m'importait de prouver, par mon refus de m'éloigner, que j'étais revenu *en Suisse sans manquer à aucun engagement*, que j'avais le droit d'y résider, et que j'y trouverais aide et protection.

« La Suisse a montré depuis un mois, par ses protestations énergiques, et maintenant par les décisions des grands conseils qui se sont réunis, qu'elle était prête à faire les plus grands sacrifices pour maintenir sa dignité et son droit comme nation indépendante; je saurai faire le mien et demeurer fidèle à la voix de l'honneur. On peut me persécuter, mais jamais m'avilir.

« Le gouvernement français ayant déclaré que le refus de la diète d'obtempérer à sa demande serait le signal d'une conflagration dont la Suisse pourrait être la victime, il ne me reste plus qu'à quitter un pays où ma présence est le sujet d'aussi injustes prétentions, où elle serait le prétexte de si grands malheurs !

« Je vous prie donc, Monsieur le landamann, d'annoncer au directoire fédéral que je partirai dès qu'il aura obtenu, des ambassadeurs des diverses puissances, les passeports qui me sont nécessaires pour me rendre dans un lieu où je trouverai un asile assuré.

« En quittant aujourd'hui volontairement le seul pays où j'avais trouvé en Europe appui et protection, en m'éloignant des lieux qui m'étaient devenus chers à tant de titres, j'espère prouver au peuple suisse que j'étais digne des marques d'estime et d'affection qu'il m'a prodiguées. Je n'oublierai jamais la noble conduite des cantons qui se sont prononcés si courageusement en ma faveur, et surtout le souvenir de la généreuse protection que m'a accordée le canton de Thurgovie restera profondément gravé dans mon cœur.

« J'espère que cette séparation ne sera pas éternelle, et qu'un jour viendra où je pourrai, sans compromettre les intérêts de deux nations qui doivent rester amies, retrouver l'asile où vingt ans de séjour et des droits acquis m'avaient créé une seconde patrie.

« Soyez, Monsieur le landamann, l'interprète de mes sentiments de reconnaissance envers les conseils, et croyez que la pensée d'éviter des troubles à la Suisse peut seule adoucir les regrets que j'éprouve à la quitter.

Recevez, etc.

Napoléon-Louis BONAPARTE.

Arenemberg, 22 septembre 1838.

En quittant l'Helvétie, le signataire de cette lettre, qui, il faut en convenir, ne manque pas de quelque dignité, se refugia en Angleterre, et mettant à profit les loisirs que lui faisait Louis-Philippe, il descendit dans l'arène littéraire avec un livre qui portait son nom : *Les idées Napoléoniennes*. C'est une apologie de la monarchie de Napoléon.

Napoléon-Louis descendit aussi, pendant son séjour en Angleterre, dans une autre arène, celle du tournois d'Eklington.

« Sachant que les écuyers venaient du pays de France, ou moult bien se brisent les lances dans les passe-d'armes et carrousels, le duc et ses seigneurs les prièrent

de leur faire montre de leur savoir dans ce noble métier
des armes, à quoi ils respondirent, les bons gentilshom-
mes, que jamais n'avaient dit non quand l'occasion venait
de montrer ce que pouvaient les gens d'armes de France,
pour l'honneur de leur roi et de leurs dame, et que,
Dieu aidant, ils y feraient de leur mieux. Donc fut ouvert le champ au pied des murailles et dressés échafauds
tout à l'entour où vinrent nobles dames et pucelles al-
léchées par le grand renom et belles mines des tenants
du tournois, et si bien firent nos Français que par leurs
prouesses gagnèrent tout d'une voix le prix de la joûte,
et virent bien tous qu'ils venaient d'un pays à raison
vanté pour la grande force et courtoisie de ses gentils-
hommes (1). »

L'aristocratie anglaise s'étant permis de ressusciter,
un jour, l'une de ces fêtes poétiques des vieilles mœurs
chevaleresques, et de paraître bardés de fer sur des chevaux caparaçonnés comme à l'hippodrôme, en criant à la
recousse : *Angleterre et Saint-Georges !* il n'y avait pas
de mal que le vieux cri : *Mont-Joie ! Saint-Denis !* pût
y répondre. Ridicule mascarade ! écrivirent nos cen-
seurs, alors peut-être qu'ils étaient revêtus de l'ignoble
costume du débardeur, ou coiffés du casque de Balo-
chard qu'attendaient les orgies de l'Opéra. Un tournois,
répètent-ils encore, un tournois où l'on promenait des
bannières héraldiques, des écus armoriés ! Il n'y a que

______

(1) Vieux roman.

des aristocrates , des *reactionnaires* qui puissent se permettre de pareils divertissements..... Braves gens qui n'aiment que les écus qui se touchent aux fonds secrets, ne connaissent de lances que la queue de billard, et de passe-d'armes que celles de l'estaminet ! Si le tenant des joûtes d'Eklington l'avait su, nul doute qu'il n'eût passé son temps à *culotter des pipes*. La *Réforme* se serait peut-être montrée moins opposante à sa candidature ; mais on ne pense pas à tout.

Il discontinua ces innocentes et chevaleresques distractions, pour courir l'aventure de Boulogne.

Voici comment se passèrent les choses :

Le 6 août, entre trois et quatre heures du matin, le prince Louis-Napoléon, avec le général Montholon , le colonel Voisin, le commandant Parquin, le commandant Mesonan , etc. , suivis de quarante à cinquante autres personnes, Français, Anglais et Italiens, tous montés sur le paquebot anglais *City of Edinbourg*, débarqua à Vimereux, petite anse à une lieue environ de la ville de Boulogne. Après s'être emparé d'un poste de douaniers, qu'ils contraignirent de les accompagner vers la ville, ils arrivèrent vers cinq heures à la caserne militaire, où, à l'aide d'un lieutenant du 42e, ils essaient d'entraîner les troupes. Tandis que le capitaine commandant cherche à pénétrer dans la caserne, pour maintenir les soldats dans le devoir, Louis-Napoléon lui tire à bout portant un coup de pistolet, dont la balle détournée va frapper un grenadier qui est assez grièvement blessé.

Repoussés de la caserne, Louis-Napoléon et les siens parcourent la basse-ville, et répandent des proclamations et de l'argent. De là, ils se portent sur la haute-ville pour s'emparer du fort. Cependant le sous-préfet, qui s'est présenté à leur rencontre, en les sommant de se séparer et d'abattre leur drapeau, rassemble à la hâte la garde nationale, et se met à la poursuite du prétendant et de ses compagnons. Ceux-ci, après avoir échoué dans leurs tentatives sur les différents points de la ville, se dirigèrent, hors des murs, vers la colonne dressée par Napoléon, comme une éternelle menace sur les côtes d'Angleterre.

C'est là que commence la déroute de Louis-Napoléon et de sa troupe. A peine ont-ils le temps d'arborer leur drapeau au haut de la colonne, qu'à la vue de la garde nationale et d'un détachement de la troupe de ligne qui marchent sur eux, tambour battant, aux cris de *vive le roi!* ils prennent la fuite dans toutes les directions. — Le prince Louis et plusieurs autres tentent un dernier moyen de salut en courant à la mer pour rejoindre les embarcations.

Mais déjà le lieutenant du port, s'élançant dans un canot, s'était porté vers le steamer qui avait apporté les conjurés, s'en était emparé et l'avait fait entrer dans le port.

- Le prince Louis Napoléon et les principaux chefs qui l'accompagnent, voyant qu'il ne leur reste aucun refuge, se jettent à la nage et parviennent à gagner un canot de l'établissement des bains, qui était à flot à quelques brasses du rivage. Bientôt le canot surchargé chavire, et tous les hommes qui le montent tombent à la mer. Ils sont recueillis par le lieutenant du port, qui dirige sur le lieu de la scène deux embarcations. Un des conjurés périt dans les flots ; un autre, le sous-intendant M. Faure, est tué d'un coup de feu au milieu de la fusillade un moment engagée entre la garde nationale et quelques fugitifs. Le colonel Voisin est blessé de deux balles, une dans les reins, l'autre dans la poitrine.

Ainsi se termina cette tentative du prince Louis Napoléon. Un espace de trois heures l'avait vu commencer et finir ; il n'en restait plus que des proclamations et un décret... qui nommait M. THIERS président du conseil.

Comme toujours, le gouvernement de Louis-Philippe avait fourni à lui tout seul le motif déterminant de cette nouvelle tentative. Il s'était montré cette fois-ci plus provocateur que jamais, car il venait d'obtenir des chambres un crédit d'un million destiné à la translation des cendres de l'empereur Napoléon, qui, disait-on dans l'exposé des motifs, fut le *souverain légitime* de la France... Cette déclaration, l'enthousiasme qui éclata à cette nouvelle, devaient naturellement avoir leur contre-coup dans la tête du Napoléon exilé. Devant cette recrudescence de l'ardeur napoléonienne, il n'y avait pas besoin de plans, de calculs et de ressources ; il s'agissait de mettre le pied sur le sol de cette France, et de dire : Me voici ! Berryer, avec son admirable éloquence, soutint devant la Cour des pairs qu'on pouvait à la rigueur écarter l'accusation de préméditation : « En présence des projets qui s'ourdissaient contre la France en 1840, on sentit qu'il fallait réveiller d'autres sentiments que l'égoïsme et l'individualisme, dans cette fière et glorieuse patrie, et, ne pouvant espérer le faire au nom du gouvernement actuel, on alla invoquer la mémoire de celui qui avait promené la grande épée de la France des extrémités du Portugal aux extrémités de la Baltique. Et alors qu'arriva-t-il ? Sans préméditation, sans calcul, sans combinaison, mais jeune et ardent, sentant son nom, le prince Louis se dit : J'irai, je mènerai le deuil. je poserai ses armes sur sa tombe, et je dirai à la France : Me voici... voulez-vous de moi ?

La Chambre des pairs répondit : Oui, et pour le mieux garder, elle lui ouvrit pour toute sa vie la prison de Ham.

Quant à l'aigle vivant qu'on avait trouvé dans les bagages, voici ce qu'a dit à ce sujet le *Morning-Chronicle* :

« On croit généralement que le prince Louis-Napoléon était muni d'un aigle apprivoisé, dans l'expédition de Boulogne ; ce fait est complétement erroné. L'aigle avait été trouvé par l'un de nos officiers, qui l'emporta à bord comme un oiseau de bon augure. Le prince, prévoyant le ridicule, désira qu'on lâchât l'aigle pendant la traversée ; mais comme il avait perdu l'usage de ses ailes, il ne put point reprendre sa liberté. On trouva donc l'aigle à bord, quand le vaisseau fut pris ; mais il n'est nullement exact de prétendre que le prince ait abordé avec lui. »

Nous avons assisté au jugement et à la condamnation du vaincu de Boulogne, il y a huit ans et un mois. C'était, je vous assure, un étrange spectacle que celui de ces juges appelés à condamner l'Empire dans la personne du neveu de l'Empereur, l'Empire qui leur avait donné à tous, en partie, la haute position qu'ils occupaient. On eût pu s'attendre à les voir apporter sur leurs chaises curules la contrainte, la gêne et l'embarras d'une position aussi forcée. Quant à nous, nous nous figurions que dans ce tribunal suprême, plus d'un fauteuil serait transformé en sellette, et que l'accusé ne serait pas le seul sous le coup des conséquences du jugement qu'on allait rendre. Nous nous trompions bien étrangement, et il faut avoir vu l'air dégagé avec lequel tous ces vieux personnages passèrent devant l'accusé, et l'indifférence avec laquelle ils le lorgnèrent ensuite ; oui, il faut avoir vu cela pour bien comprendre jusqu'où peut aller le stoïcisme du magistrat, ou plutôt pour connaître le degré d'impudence, d'insensibilité ou de dissimulation qu'on peut acquérir dans les hautes sphères du pouvoir. Quand l'accusé prononça ces paroles : « En me retrouvant dans les murs du sénat, au milieu de vous que je connais, Messieurs, je ne peux croire que j'aie ici besoin de me justifier et que vous puissiez être mes juges... » On entendit courir de rang en rang le chuchotement qui veut dire, pour ceux qui ont l'habitude des assemblées délibérantes, qu'on n'a pas saisi le sens d'une phrase. *Ce qu'est-ce qu'il dit?* du grand seigneur qui ne veut pas comprendre, circula le long des dossiers aristocratiques... Oui, vraiment, l'accusé avait eu bien raison, en les voyant, d'évoquer le souvenir honteux et plat du sénat de l'Empire; ce sénat était encore là, tout entier, devant lui. Les bornes sont dures et froides, et c'est pour cela qu'elles sont inamovibles; mais quelque chose qui arrive, j'en jure par les souvenirs du 6 octobre, nous n'aurons plus de sénat.

L'allocution de Louis-Napoléon à ses juges fut noble et digne. On y remarque ces passages :

« Sans orgueil, comme sans faiblesse, si je rappelle les *droits déposés par la nation dans les mains de ma famille*, c'est uniquement pour expliquer *les devoirs* que ces droits nous ont imposés à tous.

« Depuis cinquante ans que le principe de la souveraineté du peuple a été consacré en France, par la plus puissante révolution qui se soit faite dans le monde, jamais la volonté nationale n'a été proclamée aussi solennellement, n'a été constatée par des suffrages aussi nombreux et aussi libres pour l'adoption des constitutions de l'Empire.

« La nation n'a jamais révoqué ce grand acte de sa souveraineté, et l'Empereur l'a dit : Tout ce qui a été fait sans elle est illégitime.

« Lorsqu'en 1830 le peuple a reconquis sa souveraineté, j'avais cru que le lendemain de la conquête serait loyal comme la conquête elle-même, et que les destinées de la France étaient à jamais fixées ; mais le pays a fait la triste expérience des dix dernières années. J'ai pensé que le vote de quatre millions de citoyens qui avait élevé ma famille, nous imposait au moins le devoir de faire appel à la nation, et d'interroger sa volonté ; j'ai cru même que, si au sein du congrès national que je voulais convoquer, quelques prétentions pouvaient se faire entendre, *j'aurais le droit d'y réveiller les souvenirs éclatants de l'Empire*, d'y parler du frère aîné de l'Empereur, de cet homme vertueux qui, *avant moi, en est le digne héritier*, et de placer en face de la France aujourd'hui affaiblie, passée sous silence dans le congrès des rois, la France d'alors, si forte au dedans, au dehors si puissante et si respectée. *La nation eut répondu : République ou monarchie, empire ou royauté.* De sa libre décision dépend la fin de nos maux, le terme de nos dissensions.

« Un dernier mot, Messieurs. *Je représente* devant vous *un principe*, une cause, une défaite. Le principe, c'est la souveraineté du peuple ; la cause, celle de l'Empire ; la défaite, Waterloo. Le principe, vous l'avez reconnu ; la cause, vous l'avez servie ; la défaite, vous voulez la venger. »

Cinq ans se passèrent pour le prisonnier dans des travaux scientifiques et littéraires. Il traita successivement différentes questions d'histoire et d'administration civiles et militaires, et ce travail prouve du moins qu'il cherchait à se tenir au courant des idées de notre époque, et que l'espoir d'être utile à son pays, même sous les verroux, était la plus douce consolation du prisonnier.

Il est fort dur d'être en prison ; mais cette captivité aida beaucoup à la popularité du neveu de Napoléon, ainsi que le faisait alors remarquer un journal. Le prince Louis, en exil, n'aurait pas été plus que ses cousins et que ses oncles, dont les journaux, à de longs intervalles, prononcent à peine les noms. En prison, il excitait des sympathies qu'il n'aurait pas obtenues étant libre. En prison, on s'occupait de lui : un demi-bataillon le gardait, et les officiers et les soldats qui le voyaient, qui l'entendaient, qui lui parlaient, rapportaient dans leurs casernes et leurs garnisons ce qu'il faisait, ce qu'il disait. Pour lui, le tambour battait deux ou trois fois par jour ; pour lui, la garde veillait l'arme au bras ; le ministre, lui-même, se réservait la haute surveillance de sa prison ; de tous les points de la France, les dévoués à la dynastie impériale aspiraient à le visiter, et quand ils ne le pouvaient, ils jetaient en passant l'œil à ses barreaux.

On ne pouvait mieux faire pour grandir un prétendant. Nous verrons plus tard avec quelle admirable complaisance le Gouvernement provisoire et celui qui lui a succédé, ont continué cette œuvre... *Quos vult perdere Jupiter dementat.*

A la fin de 1845, le roi Louis, l'ancien roi de Hollande, sentant sa fin approcher, fit des demandes auprès du Gouvernement français pour obtenir que son fils vînt lui fermer les yeux en Italie. Le sonseil des ministres s'y refusa, déclarant ne pouvoir remettre les peines portées par la chambre des pairs que sur un recours en grâce émané du prisonnier.... Laissons-le raconter lui-même, dans une lettre adressée à M. Odilon Barrot, comment il reçut ces propositions :

« Je souffre ; mais tous les jours je me dis : Je suis en France, je conserve mon honneur intact, je vis sans joies, mais aussi sans remords, et tous les soirs je m'endors satisfait. Rien de mon côté ne serait venu troubler ce calme de ma conscience, ce silence de ma vie, si mon père ne m'eût manifesté le désir de me revoir auprès de lui pendant ses vieux jours. Mon devoir de fils vint m'arracher à ma résignation, et je me décidai à une démarche dont je pesai toute la gravité, mais qui portait en elle ce caractère de franchise et de loyauté que je désire mettre dans toutes mes actions. J'écrivis au chef de l'État, à celui-là seul qui eût le droit légal de changer ma position ; je lui demandai d'aller auprès de mon père ; je lui parlai *de bienfait*, *d'humanité*, *de reconnaissance*, parce que je ne crains pas d'appeler les choses par leur nom. Le roi a paru satisfait de ma lettre ; il a dit au digne fils du maréchal Ney, qui avait bien voulu se charger de la remettre, que la garantie que j'offrais était suffisante ; mais il n'a point encore fait connaître sa détermination. Les ministres, au contraire, statuant sur une copie de ma lettre au roi, que je leur avais envoyée par déférence, abusant de ma position et de leur, m'ont fait transmettre une réponse qui prouve un grand mépris pour le malheur. Sous le coup d'un pareil refus, ne connaissant même pas encore la décision du roi, mon devoir est de m'abstenir de toute démarche, et surtout de ne pas souscrire à une demande en grâce déguisée en piété filiale.

« Je maintiens tout ce que j'ai dit dans ma lettre au r oi, parce que les sentiments que j'y ai manifestés étaient profondément sentis et me paraissent convenables ; mais je n'avancerai pas d'une ligne. Le chemin de l'honneur est étroit et mouvant ; il n'y a qu'un travers de main entre la terre ferme et l'abîme. »

Louis-Napoléon ne se laissa point abattre. Rappelant toute l'énergie de son caractère, il résolut de s'échapper, afin d'accomplir le grand devoir qui l'appelait à Florence.

Le récit de cette évasion a tout l'intérêt qui s'attache aux faits pleins de péripéties et d'incertitudes. C'est un si grand bien que la liberté ! L'esprit du lecteur, quel que soit le prisonnier qui raconte, s'associe avec une admirable sympathie aux efforts tentés par lui. L'on sent ses angoisses à chaque pas qu'il fait, à chaque rencontre qui l'arrête... Passera-t-il cette porte ? franchira-t-il ce fossé ? L'on est allégé d'un grand poids quand le dernier guichet s'est ouvert pour lui, et à la facilité avec laquelle on respire, l'on croit sentir dans ses poumons ce bon air de liberté qui ranimait le fugitif, alors qu'il allongeait ses pas dans la plaine en tournant le dos à son donjon... Allez ! allez ! que le ciel vous conduise, et puisque vous connaissez le bonheur de sortir d'une prison, évitez aux autres, si jamais vous avez le pouvoir, le mortel chagrin d'y entrer !

Voici comment un de ses amis raconte cette évasion :

« La nature des constructions et l'arrangement de la citadelle rendaient impossible tout autre moyen que celui de franchir les guichets sous un déguisement. Par un hasard heureux, des ouvriers venaient en ce moment travailler dans le bâtiment où logeaient les prisonniers. Un matin, ayant coupé ses moustaches, et s'étant revêtu d'une blouse sale, d'une casquette et de gros sabots, Louis-Napoléon, portant une planche sur son épaule, descendit l'escalier de sa prison. Son fidèle valet de chambre, Thélin, qui avait obtenu la permission d'aller en ville, et qui, pour détourner l'attention des geôliers, conduisait son chien en laisse, le précédait de quelques pas. A l'aide de sa planche, le menuisier improvisé passa entre eux sans être reconnu. Au même instant, un ouvrier serrurier, le prenant pour un camarade, allait lui parler; mais il fut détourné à temps par Thélin. Un peu plus loin, Louis-Napoléon rencontre un officier qui lisait une lettre ; puis il traverse un groupe de trente soldats rassemblés devant-le-corps de garde. Enfin, après avoir passé sans sourciller devant plusieurs plantons, il se trouve en présence du portier-consigne ; personnage bien important, puisqu'il tenait entre ses mains les destinées du neveu de l'Empereur. Le portier ne fit aucune attention à l'homme à la planche. Pendant qu'il souhaitait le bonjour à Thélin, le planton ouvrait la grille, et Louis-Napoléon, au bout de six années, posa le pied sur la terre de la liberté.

« Tout n'était point fini encore ; il fallait que Thélin allât chercher dans la ville un cabriolet qu'il avait loué la veille. Pendant ce temps, le fugitif devait aller attendre sur la route de Saint-Quentin. Mais il ne connaissait le pays que pour en avoir examiné la carte ; et pouvait-il être sûr de ne point s'égarer, surtout dans un moment où l'esprit le plus ferme doit être nécessairement agité par la réaction de tant de joie après tant d'anxiétés ?

« Il marchait vite, malgré ses sabots, et atteignit bientôt le cimetière de Saint-Sulpice, à un kilomètre de la ville. Une grande croix s'élève au milieu des tombeaux ; il s'y prosterna devant Dieu, et le remercia avec effusion de ce qu'il lui serait permis d'aller embrasser son père mourant.

« Bientôt Thélin arrive dans son cabriolet, mais une autre voiture le suit. Le faux ouvrier avait toujours sa planche avec lui, il attend, pour s'en débarrasser, que cette seconde voiture soit passée : alors il monte dans la sienne, jette ses sabots dans un champ, et prend les guides pour jouer son nouveau rôle, qui était celui de cocher. Un instant après, deux gendarmes à cheval sortaient du village de Saint-Sulpice, mais heureusement ils se dirigeaient vers Péronne.

« Avant d'entrer à Saint-Quentin, Louis-Napoléon descendit du cabriolet et traversa la ville à pied pour se rendre sur la route de Cambrai, où Thélin devait le rejoindre avec une autre voiture qu'il fallait se procurer. Dans de pareils moments, l'attente est cruelle ; et, malgré toute la diligence possible, Thélin n'arrivait pas. L'un des deux s'était-il donc égaré ? Assis sur le bord de la route, la tête appuyée dans ses mains, le fugitif se demandait s'il était encore une fois impitoyablement raillé par le sort, lorsqu'il sent une brusque secousse : c'était son chien qui devançait la voiture et lui faisait de joyeuses caresses. Un instant après, Louis-Napoléon montait dans la voiture du brave maître de poste de Saint-Quentin, et deux chevaux vigoureux l'entraînaient au grand galop. »

Louis-Napoléon se réfugia en Angleterre, et là, dans un moment où les démonstrations des chartistes donnaient quelque inquiétude, il offrit ses services pour aider à la répression de l'émeute si elle se présentait. Les *chartistes* sont à peu près pour l'Angleterre, ce que sont les rouges pour la France, et en vérité nous ne voyons pas que le bâton de constable entre les mains d'un Français soit plus odieux que ne le serait un fusil de garde national entre les mains d'un Anglais, qui, surpris à Paris par la guerre du mois de juin, se serait joint à nous pour défendre, à ses risques et périls, l'ordre social si rudement attaqué! Il y a des causes qui sont nationales pour tous les pays!

Survint la révolution de février, et c'est alors que les gouvernants du lendemain semblèrent prendre à tâche de lutter de maladresse avec Louis-Philippe pour élever le piédestal qu'il avait fait au prince Louis.

Il arrive à Paris le 26 février pour saluer et reconnaitre le Gouvernement provisoire. et de suite on lui fait voir la crainte que sa présence inspire. Il se résigne et part. Il n'est pas de sacrifices que ne lui impose le désir d'épargner de nouvelles agitations à Paris.

Il n'y a pas de meilleur moyen pour rendre les gens vraiment redoutable que de leur montrer qu'on les craint. Première maladresse.

Au mois de mai, on proposa dans les bureaux de l'Assemblé nationale de maintenir pour lui seul la loi d'exil qui frappait la famille de l'Empereur. Aussitôt il adressa la lettre suivante aux représentants :

Londres, 23 mai 1848.

« Citoyens représentants,

« J'apprends, par les journaux du 22, qu'on a proposé, dans les bureaux de l'Assemblée, de maintenir contre moi seul la loi d'exil qui frappe ma famille depuis 1816 ; je viens demander aux représentants du peuple pourquoi je mériterais une semblable peine.

« Serait-ce pour avoir toujours publiquement déclaré que, dans mes opinions, la France n'était l'apanage ni d'un homme, ni d'une famille, ni d'un parti?

« Serait-ce parce que, désirant faire triompher sans anarchie ni licence le principe de la souveraineté nationale, qui seul pouvait mettre un terme à nos dissensions, j'ai deux fois été victime de mon hostilité contre le gouvernement que vous avez renversé?

« Serait-ce pour avoir consenti, par déférence pour le Gouvernement provisoire, à retourner à l'étranger après être accouru à Paris au premier bruit de la révolution?

« Serait-ce pour avoir refusé, par désintéressement, les candidatures à l'Assemblée qui m'étaient proposées, résolu de ne retourner en France que lorsque la nouvelle constitution serait établie et la République affermie?

« Les mêmes raisons qui m'ont fait prendre les armes contre le gouvernement de Louis-Philippe me porteraient, si on réclamait mes services, à me dévouer à la défense de l'Assemblée, résultat du suffrage universel.

« En présence d'un roi élu par deux cents députés, je pouvais me rappeler que j'étais l'héritier d'un empire fondé par l'assentiment de quatre millions de Français. En présence de la souveraineté nationale, je ne peux et ne veux revendiquer que mes droits de citoyen français; mais ceux-là, je les réclamerai sans cesse avec l'énergie que donne à un cœur honnête le sentiment de n'avoir jamais démérité de la patrie.

« » Recevez, etc. »

L'Assemblée, qui avait consenti à écouter la lecture de deux lettres des princes d'Orléans, refusa d'entendre celle de Louis-Napoléon, apparemment pour lui donner plus de retentissement.—Seconde maladresse.

« Peu après, Louis-Napoléon était appelé à la représentation nationale par les votes de trois départements. Le pouvoir, de son côté, s'ingéniait à trouver des prétexte pour l'exclure de l'Assemblée : un coup de pistolet, qui sera pour l'avenir un thème de suppositions et de commentaires, pousse un membre du pouvoir exécutif à venir dénoncer à la tribune un mouvement napoléonien, et à réclamer des mesures d'urgence.—Troisième maladresse.

Cette ridicule parade du coup de pistolet provoqua cette seconde épître de Louis Napoléon :

« Monsieur le président.

« Je partais pour me rendre à mon poste, quand j'apprends que mon élection sert de prétexte à des troubles déplorables et à des erreurs funestes.

« Je n'ai pas cherché l'honneur d'être représentant du peuple, parce que je savais les soupçons injurieux dont j'étais l'objet. Je rechercherais encore moins le pouvoir. *Si le peuple m'imposait des devoirs*, je saurais les remplir,

« Mais je désavoue tous ceux qui me prêtent des intentions que je n'ai pas. Mon nom est un symbole d'ordre, de nationalité, de gloire, et ce serait avec la plus vive douleur que je le verrais servir à augmenter les troubles et les déchirements de la patrie. Pour éviter un tel malheur, je resterais plutôt en exil. Je suis prêt à tous les sacrifices pour le bonheur de la France.

« Ayez la bonté, monsieur le président, de donner connaissance de ma lettre à l'Assemblée. Je vous envoie une copie de mes remercîments aux électeurs.

« Recevez l'expression de mes sentiments distingués.

« *Signé* : LOUIS-NAPOLÉON BONAPARTE. »

Après lui avoir donné l'occasion de faire tomber du haut de la tribune la phrase sacramentelle : *Si le peuple m'imposait des devoirs*, je saurais les remplir, l'Assemblée les souligna mieux que nous ne pouvons le faire par l'explosion de son mécontentement. — Quatrième maladresse.

L'hostilité manifestée par le pouvoir exécutif et si bien secondée par l'Assemblée, lui fournit l'occasion de se poser en opprimé, et il n'y manqua pas. En effet, il euvoya sa démission. — Cinquième maladresse.

Et enfin tout dernièrement le citoyen Clément Thomas, l'amena à poser sa candidature à la tribune; ce qu'il fit très dignement par ce petit discours :

« Citoyens représentants, l'incident regrettable qui s'est élevé hier à mon sujet ne me permet pas de me taire.

« Je déplore profondément d'être obligé de parler encore de moi, car il me répugne de voir sans cesse porter devant l'Assemblée des questions personnelles, alors que nous n'avons pas un moment à perdre pour nous occuper des graves intérêts de la patrie.

« Je ne parlerai point de mes sentiments ni de mes opinions; je les ai déjà manifestés devant vous, et jamais personne n'a pu encore douter de ma parole.

« De quoi m'accuse-t-on? D'accepter, du sentiment populaire, une candidature que je n'ai pas recherchée? Eh bien! oui, je l'accepte cette candidature qui m'honore; je l'accepte parce que trois élections successives et le décret de l'Assemblée nationale contre la proscription de ma famille m'autorisent à croire que la France regarde le nom que je porte comme pouvant servir à la consolidation de la société ébranlée jusque dans ses fondements, à l'affermissement et à la prospérité de la République. Que ceux qui m'accusent d'ambition connaissent peu mon cœur! Si un devoir impérieux ne me retenait pas ici, si la sympathie de mes concitoyens ne me consolait pas de l'animosité de quelques attaques et de l'impétuosité même de quelques défenses, il y a longtemps que j'aurais regretté l'exil.

« On me reproche mon silence! Il n'est donné qu'à peu de personnes d'apporter ici une parole éloquente au service d'idées justes et saines. N'y a-t-il donc qu'un seul moyen de servir son pays? ce qu'il lui faut surtout, ce sont des actes; ce qu'il lui faut, c'est un gouvernement ferme, intelligent et sage, qui se mette franchement à la tête des idées vraies pour repousser ainsi, mille fois mieux que par les baïonnettes, les théories qui ne sont pas fondées sur l'expérience et la raison. »

Cette déclaration officielle fut suivie du manifeste suivant :

MANIFESTE

DE

LOUIS-NAPOLÉON BONAPARTE

A SES CONCITOYENS.

Pour me rappeler de l'exil, vous m'avez nommé représentant du peuple. A la veille d'élire le premier magistrat de la République, mon nom se présente à vous comme symbole d'ordre et de sécurité.

Ces témoignages d'une confiance si honorable s'adressent, je le sais, bien plus à ce nom plus qu'à moi-même, qui n'ai rien fait encore pour mon pays ; mais plus la mémoire de l'Empereur me protége et inspire vos suffrages, plus je me sens obligé de vous faire connaître mes sentiments et mes principes. Il ne faut pas qu'il y ait d'équivoque entre vous et moi.

Je ne suis pas un ambitieux qui rêve tantôt l'Empire et la guerre, tantôt l'application de théories subversives. Elevé dans des pays libres, à l'école du malheur, je resterai toujours fidèle aux devoirs que m'imposeront vos suffrages et les volontés de l'Assemblée.

Si j'étais nommé président, je ne reculerais devant aucun danger, devant aucun sacrifice, pour défendre la société si audacieusement attaquée ; je me dévouerais tout entier, sans arrière-pensée, à l'affermissement d'une République sage par ses lois, honnête par ses intentions, grande et forte par ses actes.

Je mettrais mon honneur à laisser au bout de quatre ans, à mon successeur, le pouvoir affermi, la liberté intacte, un progrès réel accompli.

Quel que soit le résultat de l'élection, je m'inclinerai devant la volonté du Peuple, et mon concours est acquis d'avance à tout gouvernement juste et ferme qui rétablisse l'ordre dans les esprits comme dans les choses ; qui protége efficacement la religion, la famille, la propriété, bases éternelles de tout état social; qui provoque les réformes possibles, calme les haines, réconcilie les partis, et permette ainsi à la patrie inquiète de compter sur un lendemain.

Rétablir l'ordre, c'est ramener la confiance, pourvoir par le crédit à l'insuffisance passagère des ressources, restaurer les finances.

Protéger la religion et la famille, c'est assurer la liberté des cultes et la liberté de l'enseignement.

Protéger la propriété, c'est maintenir l'inviolabilité des produits de tous les travaux ; c'est garantir l'indépendance et la sécurité de la possession, fondements indispensables de la liberté civile.

Quant aux réformes possibles, voici celles qui me paraissent les plus urgentes :

Admettre toutes les économies qui, sans désorganiser les services publics, permettent la diminution des impôts les plus onéreux au peuple ; encourager les entreprises qui, en développant les richesses de l'agriculture, peuvent, en France et en Algérie, donner du travail aux bras inoccupés ; pourvoir à la vieillesse des travailleurs, par des institutions de prévoyance ; introduire dans nos lois industrielles les améliorations qui tendent, non à ruiner le riche au profit du pauvre, mais à fonder le bien-être de chacun sur la prospérité de tous.

Restreindre dans de justes limites le nombre des emplois qui dépendent du pouvoir, et qui souvent font d'un peuple libre un peuple de solliciteurs.

Eviter cette tendance funeste qui entraîne l'Etat à exécuter lui-même ce que les particuliers peuvent faire aussi bien et mieux que lui. La centralisation des intérêts et des entreprises est dans la nature du despotisme. La nature de la République repousse le monopole.

Enfin, préserver la liberté de la presse des deux excès qui la compromettent toujours : l'arbitraire et sa propre licence.

Avec la guerre, point de soulagement à nos maux. La paix sera donc le plus cher de mes désirs. La France, lors de sa première révolution, a été guerrière, parce qu'on l'avait forcée de l'être. A l'invasion elle répondit par la conquête. Aujourd'hui qu'elle n'est pas provoquée, elle peut consacrer ses ressources aux améliorations pacifiques sans renoncer à une politique loyale et résolue. Une grande nation doit se taire, ou ne jamais parler en vain.

Songer à la dignité nationale, c'est songer à l'armée dont le patriotisme si noble et si désintéressé a été souvent méconnu. Il faut, tout en maintenant les lois fondamentales qui font la force de notre organisation militaire, alléger et non aggraver le fardeau de la conscription ; il faut veiller au présent et à l'avenir non seulement des officiers, mais aussi des sous-officiers et des soldats, et préparer aux hommes qui ont servi longtemps sous les drapeaux une existence assurée,

La République doit être généreuse et avoir foi dans son avenir ; aussi, moi qui ai connu l'exil et la captivité, j'appelle de tous mes vœux le jour où la patrie pourra sans danger faire cesser toutes les proscriptions et effacer les dernières traces de nos discordes civiles.

Telles sont, mes chers concitoyens, les idées que j'apporterais dans l'exercice du pouvoir, si vous m'appeliez à la présidence de la République.

La tâche est difficile, la mission immense, je le sais. Mais je ne désespérerais pas de l'accomplir en conviant à l'œuvre, sans distinction de partis, les hommes que recommandent à l'opinion publique leur haute intelligence et leur probité.

D'ailleurs, quand on a l'honneur d'être à la tête du peuple français, il y a un moyen infaillible de faire le bien, c'est de le vouloir.

LOUIS-NAPOLÉON BONAPARTE.

Paris, 27 novembre 1848.

On sait la guerre acharnée que les adversaires de Louis-Napoléon Bonaparte ont faite à sa candidature à l'aide des pamphlets et de la lithographie. Voici une anecdote qui fait connaître l'honorable attitude que le candidat a prise pendant cette lutte prolongée :

« Un ouvrier lithographe, poussé par le besoin, avait dessiné et lithographié lui-même une caricature des plus sanglantes contre M. Cavaignac, dans laquelle intervenait l'ombre de son père le conventionnel. Cet ouvrier porta la pierre à M. Louis-Napoléon Bonaparte, qui l'examina attentivement et dit : « Vous avez un « double talent, celui du lithographe et celui du dessi- « nateur. Combien espérez-vous gagner avec ceci ? — « Trois cents francs environ, » répond l'ouvrier. M. Louis-Napoléon Bonaparte dit à son secrétaire : « J'achète cette œuvre complète 300 fr.; » puis, appelant un domestique, il dit à ce dernier : « Vous allez « sur-le-champ me briser cette pierre. » Nous tenons ce récit de l'ouvrier lithographe lui-même. »

Le fait suivant prouve que si la modération a été

de son côté, la bienfaisance et la générosité ne lui ont pas fait défaut.

« Il y a quelques jours, un des ouvriers de l'imprimerie Chaix, rue Bergère, a été grièvement blessé dans les engrenages d'une machine, pendant le tirage du *Manifeste* de Louis-Napoléon. Le prince, en ayant été informé, s'est empressé d'adresser au chef de la maison la somme de 300 francs, avec une lettre, dans laquelle il exprime tout le regret qu'il éprouve d'avoir été la cause indirecte de ce malheur. »

Aussitôt qu'il a appris les derniers événements de Rome, M. Louis-Napoléon Bonaparte s'est empressé d'adresser la lettre suivante au nonce du pape :

« Monseigneur ,

« Je ne veux pas laisser accréditer auprès de vous les bruits qui tendent à me rendre complice de la conduite que tient à Rome le prince de Canino.

« Depuis longtemps je n'ai aucune espèce de relations avec le fils aîné de Lucien Bonaparte, et je déplore de toute mon âme qu'il n'ait point senti que le maintien de la souveraineté temporelle du chef vénérable de l'Eglise était intimement liée à l'éclat du catholicisme comme à la liberté et à l'indépendance de l'Italie.

« Recevez, monseigneur, l'assurance de mes sentiments de haute estime,

« LOUIS-NAPOLÉON BONAPARTE. »

Nous avons cité dans le courant de cet ouvrage une lettre de M. de Châteaubriand au neveu de l'Empereur. Voici de nouveaux fragments de cette correspondance :

LOUIS-NAPOLÉON BONAPARTE

A M. DE CHATEAUBRIAND.

Arenemberg, 4 mai 1832.

Monsieur le vicomte,

Je viens de lire votre dernière brochure. Que les Bourbons sont heureux d'avoir pour défenseur un génie tel que le vôtre ! Vous relevez une cause avec les mêmes armes qui ont servi à l'abattre, vous trouvez des paroles qui font vibrer tous les cœurs français.

Tout ce qui est national trouve de l'écho dans votre âme ; aussi, lorsque vous parlez du grand homme qui illustra la France pendant vingt ans, la hauteur du sujet vous inspire, votre génie l'embrasse tout entier, et votre âme, alors, s'épanchant naturellement, entoure la plus grande gloire des plus grandes pensées.

Moi aussi, monsieur le vicomte, je m'enthousiasme pour tout ce qui fait l'honneur de mon pays ; c'est pourquoi, me laissant aller à mon impulsion, j'ose vous témoigner la sympathie que j'éprouve pour tant de patriotisme et tant d'amour pour la liberté. Mais, permettez-moi de vous le dire, vous êtes le seul défenseur redoutable de la vieille royauté : vous la rendriez natio-

nale si l'on pouvait croire qu'elle pensât comme vous ;
aussi, pour la faire valoir, il ne suffit pas de vous dé-
clarer de son parti, mais bien de prouver qu'elle est du
vôtre.

Cependant, monsieur le vicomte, si sur quelques points
nous différons d'opinion, au moins sommes-nous d'accord dans les souhaits que nous formons pour le bonheur
de la France.

Agréez, je vous prie, l'expression de mes sentiments
distingués,

LOUIS-NAPOLÉON BONAPARTE.

Réponse de M. de Châteaubriand.

Paris, le 10 mai 1832.

Monsieur le comte,

On est toujours mal à l'aise pour répondre à des
éloges ; quand celui qui les donne avec autant d'esprit
que de convenance est dans une condition sociale à
laquelle se rattachent des souvenirs hors de pair,
l'embarras redouble. Du moins, Monsieur, vous voulez
avec votre jeunesse, comme moi avec mes vieux jours,
l'honneur de la France ; il ne nous manquait plus, à
l'un et à l'autre, pour mourir de confusion ou de rire,
que de voir le *juste-milieu* bloqué dans les murs d'An-
cône par les soldats du pape. Ah ! Monsieur, où est
votre oncle ? A d'autres que vous je dirais : où est le
tuteur des rois, le maître de l'Europe ?

En défendant la légitimité, je ne me fais aucune illusion, mais je pense que tout homme qui tient à l'estime publique doit rester fidèle à ses serments. Lord Falkland, ami de la liberté et ennemi de la cour, se fit tuer à Newbourg, dans les armées de Charles Ier. Vous vivrez, Monsieur, pour revoir votre patrie libre et heureuse ; vous traverserez des ruines parmi lesquelles je resterai, car je fais moi-même partie de ces ruines.

Je m'étais flatté un moment de l'espoir de mettre cet été l'hommage de mon respect aux pieds de Mme la duchesse de Saint-Leu, mais la fortune, accoutumée à déjouer mes projets, m'a encore trompé cette fois ; j'aurais été heureux de vous remercier de vive voix de votre obligeante lettre ; nous aurions parlé d'une grande gloire et de l'avenir de la France, deux choses, Monsieur, qui vous touchent de près, et pour lesquelles mon admiration et mes sentiments sont parfaitement d'accord avec les vôtres.

Agréez, etc.,   CHATEAUBRIAND.

La lettre suivante fait allusion à la réponse de M. de Châteaubriand que nous avons citée dans notre livre.

Arenemberg, 20 septembre 1832.

Monsieur le vicomte,

J'ai été vivement touché de la lettre que vous avez bien voulu m'écrire ; j'aurais pourtant mieux aimé vous voir revenir de nos côtés, comme vous nous l'aviez fait espérer; je me faisais une fête de l'idée de passer l'hiver avec vous. Avant de vous connaître, vous savez tout l'attrait que j'avais pour votre génie et pour votre caractère; depuis que j'ai eu le plaisir de vous voir, il s'y mêle un sentiment de plus.

J'ai été heureux de voir que nos opinions étaient à peu près les mêmes. Vous me dites que vos affections sont en Ecosse; je respecte ce culte pour huit siècles de l'histoire de France. Moi aussi, j'avais naguère mes affections à Vienne ; mais je crois que tous deux nous ne voulons servir que la patrie. Autrefois, les peuples étaient des machines que les rois faisaient mouvoir selon leur volonté; aujourd'hui, les peuples sont les seuls moteurs, et les individus ne sont que les rouages plus ou moins nécessaires qu'on emploie comme mobiles ou comme drapeaux, selon les intérêts des masses.

Je vous suis très reconnaissant des notes que vous m'avez envoyées. C'est illustrer mon écrit plus qu'il ne le mérite que d'y avoir mis quelques observations de votre main.

Ma mère vous dit mille choses et partage mes regrets de ne pas vous revoir cet hiver.

Je vous prie, monsieur le vicomte, de recevoir l'assurance de mes sentiments distingués,

LOUIS-NAPOLÉON BONAPARTE.

L'on sera peut-être bien aise de connaître ce que notre illustre breton pensait de la retraite de l'ex-reine de Hollande, la mère de Louis-Napoléon Bonaparte. Voilà ce que Châteaubriand écrivait à l'un de ses amis, après avoir trouvé l'hospitalité dans la demeure des illustres proscrits.

« Arenemberg est situé sur une espèce de promontoire, dans une chaîne de collines escarpées. La reine de Hollande, que l'épée avait faite et que l'épée a défaite, a bâti le château, ou, si l'on veut, le pavillon d'Arenemberg.

« On y jouit d'une vue étendue, mais triste. Cette vue domine le lac inférieur de Constance, qui n'est qu'une expansion du Rhin sur des prairies noyées. Là, après avoir été assise sur un trône, après avoir été outrageusement calomniée, la reine Hortense est venue se percher sur un rocher. En bas est l'île du Lac, où l'on a, dit-on, trouvé la tombe de Charles-le-Gros, où meurent à présent des serins rendus à la liberté, qui demandent en vain le soleil des Canaries. Mme de Saint-Leu était mieux à Rome. Elle n'a pas cependant descendu, par rapport à sa naissance et à sa première vie ; au contraire, elle a monté ; son abaissement n'est que relatif à un accident de sa fortune. Ce ne sont pas là de ces chutes comme celle de madame la Dauphine, tombée de toute la hauteur des siècles.

« Le prince Louis habite un pavillon à part, où j'ai vu des armes, des cartes topographiques et stratégiques ; industries qui faisaient, comme par hasard, penser au sang du conquérant sans le nommer.

Le prince Louis est un jeune homme studieux, instruit, plein d'honneur, et naturellement grave. Il attend avec ses jeunes années, dans le silence de l'exil, l'affranchissement de sa patrie.   CHATEAUBRIAND. »

L'on a déjà oublié les attaques passionnées dirigées, par les journaux du gouvernement, contre le neveu de l'Empereur. La muse a fait justice de cette ridicule colère, et ces beaux vers de Barthélemy survivront aux efforts des pygmées qui espéreraient étouffer, sous leurs cris, l'expression du vœu national :

Hélas ! nous hâletons dans les mêmes tourmentes,
Nos jours sont soucieux, nos nuits sont alarmantes ;
Chaque veille fait peur d'un mauvais lendemain ;
Où devons-nous passer ainsi de main en main ?
A qui profitera la chance aléatoire ?
Les partis, plus haineux que sous le Directoire,
Prêts à s'entr'égorger, dressent leurs étendards
Et se tordent dans l'ombre en aiguisant leurs dards.
Il faut qu'une main sage et fortement poussée
Entre tous ces serpents jette son caducée ;
Qu'au rappel matinal des lugubres tambours
On cesse de presser le peuple aux carrefours ;
Qu'on ne transforme plus chaque ville en caserne ;
Que le Forum soit libre et que l'ordre gouverne.
Il le faut ; vivre ainsi c'est mourir mille fois ;
La France veut un terme aux douleurs de neuf mois.
Courage ! il n'est pas loin ce terme qu'elle implore ;
Le nom qui la sauva peut la sauver encore ;

L'instinct du peuple est sûr, il s'en est souvenu ;
Et ce nom jaillira des flancs de l'inconnu.
Tout le dit, tout l'affirme et ne laisse aucun doute :
Sur quelque point du sol que votre oreille écoute,
Vous l'entendez qui sort, qui monte, qui s'étend ;
Dix urnes à la fois l'ont fait Représentant ;
Et devant un pouvoir que ce nom importune
Quand le peuple voulut le mettre à la tribune,
Si neuf cent mille voix ne firent pas défaut,
Ces voix se tripleront pour le mettre plus haut.

• •

LOUIS NAPOLÉON n'éveille point ces craintes ;
Ses bras ne sont tenus par aucunes étreintes ;
D'aucun vieil entourage il ne marche escorté ;
Avec nul des partis il n'a fait de traité ;
Son drapeau, c'est celui de la France, le nôtre ;
Son maître, c'est le peuple, il n'en connaît point d'autre.
Il sait qu'il faut dompter, comme un sujet d'effroi,
La liberté qui veut bondir hors de la loi,
Mais que la République avant tout est sa mère ;
Il s'écarte, en un mot, de juin et de brumaire,
Et dans son avenir, pur, libre, indépendant.
Tel qu'il fut citoyen, il sera président.

———————

Le mois de décembre, qui a été fixé pour l'élection
du président de la République, comptera dans les fastes
de l'empire. Ce mois est celui du couronnemeut ; il a
vu l'un des plus beaux triomphes de Napoléon ; la victoire d'Austerlitz ; enfin, c'est dans le mois de décembre
1842, que les cendres du héros ont été rapportées dans

Paris.... Cette première réhabilitation, le mois de décembre 1848, doit la compléter par une démonstration plus apparente encore, par *l'élection* du neveu de l'Empereur à la présidence de la République.

Les élections se sont faites, par toute la France, avec un admirable ensemble. C'était une véritable fête, et le ciel s'était mis en frais pour l'embellir. Le soleil brillait comme au mois de mai, et chacun répétait : C'est encore le soleil d'Austerlitz! Dans beaucoup de cantons, les habitants des communes rurales sont arrivés tambour battant avec leurs maires et leurs curés, et portant le nom de Napoléon inscrit sur des drapeaux. Ils ont voté comme un seul homme. C'est, disent les journaux qui rapportent ces imposantes manifestations, un torrent qui a entraîné les villes. Ainsi, que le disait l'empereur, la victoire est restée aux gros bataillons.

Le 14, à midi, on a proclamé à l'Hôtel-de-Ville, à Paris, le résultat du recensement général des votes du département de la Seine :

Électeurs inscrits	433,632
— votants	341,829
Louis-Napoléon Bonaparte.	198,484
Le général E. Cavaignac.	95,567
Ledru-Rollin.	26,648

Raspail 15,871
Lamartine. 838
Changarnier. 66
Bugeaud. 58
Louis Blanc 20

Enfin, le 20 décembre à quatre heures, l'Assemblée nationale a entendu le rapport de la commission nommée par elle pour faire le relevé général des procès-verbaux des opérations électorales. D'après ce rapport, le chiffre des votants a été de 7,326,345 votants.

LOUIS-NAPOLÉON BONAPARTE a obtenu : CINQ MILLIONS QUATRE CENT TRENTE-QUATRE MILLE DEUX CENT VINGT-SIX VOIX.

Les autres suffrages se sont ainsi distribués sur les candidats rivaux de Louis-Napoléon Bonaparte :

Cavaignac. 1,448,107
Ledru-Rollin. 370,119
Raspail. 36,220
Lamartine. 19,910
Changarnier. 4,790

En vertu de ce résultat, le président de l'Assemblée nationale a proclamé le citoyen Louis-Napoléon Bonaparte, président de la République française. Celui-ci à immédiatement prêté le serment prescrit par la Constitution; après quoi il a prononcé le discours suivant :

« Citoyens Représentans,

« Les suffrages de la nation et le serment que je viens de prêter commandent ma conduite future. Mon devoir est tracé ; je le remplirai en homme d'honneur.

« Je verrai des ennemis de la patrie dans tous ceux qui tenteraient de changer, par des voies illégales, ce que la France entière a établi. (Nombreuses marques d'approbation.)

« Entre vous et moi, citoyens Représentants, il ne saurait y avoir de véritables dissentiments. Nos volontés, nos désirs sont les mêmes. Je veux, comme vous, rasseoir la société sur ses bases, affermir les institutions démocratiques, et rechercher tous les moyens propres à soulager les maux de ce peuple généreux et intelligent qui vient de me donner un témoignage si éclatant de sa confiance. (Nouvelle approbation.)

« La majorité que j'ai obtenue, non seulement me pénètre de reconnaissance ; mais elle donnera au Gouvernement nouveau la force morale, sans laquelle il n'y a pas d'autorité. Avec la paix et l'ordre, notre pays peut se relever, guérir ses plaies, ramener les hommes égarés et calmer les passions.

» Animé de cet esprit de conciliation, j'ai appelé près de moi des hommes honnêtes, capables et dévoués au pays, assuré que, malgré les diversités d'origine politique, ils sont d'accord pour concourir, avec vous, à l'application de la Constitution, au perfectionnement des lois, à la gloire de la République.

« La nouvelle administration, en entrant aux affaires, doit remercier celle qui la précède des efforts qu'elle a faits pour transmettre le pouvoir intact, pour maintenir la tranquillité publique. La conduite de l'honorable général Cavaignac a été digne de la loyauté de son caractère et de ce sentiment du devoir qui est la première qualité du chef d'un État. (Approbation sur plusieurs bancs.)

« Nous avons, citoyens Représentants, une grande mission à remplir, c'est de fonder une République dans l'intérêt de tous, et un Gouvernement juste, ferme, qui soit animé d'un sincère amour du progrès sans être réactionnaire ou utopiste.

« Soyons les hommes du pays, non les hommes d'un parti ; et, Dieu aidant, nous ferons du moins le bien si nous ne pouvons faire de grandes choses. (Très bien ! très bien !)

Quelques jours avant que ce résultat soit connu, M. Dupin, que l'esprit d'à-propos n'abandonne jamais, interrogé dans un salon sur les chances électorales des divers candidats, avait laissé échapper cette fusée de jeux de mots : « *Ah ! Ducoux Napoléon Recurt Cavaignac !* »

Nous qui ne faisons pas de jeux de mots, nous ter-
minerons en disant à l'élu de la nation : « Puisque la majorité du peuple français vous appelle à la présidence, en-
tourez-vous d'hommes honorables qui aient la confiance
de tous ; éloignez de vous les flatteurs qui obstruent toujours les avenues du pouvoir, surtout ces hommes tarés
qui corrompent tout ce qu'ils approchent et qui vous
vendraient encore comme il vous ont déjà vendu ; un
particulier peut pardonner à un infâme, un homme politique jamais. »

Le Président de la République a constitué son ministère. Il se compose ainsi qu'il suit :

M. ODILON BARROT, représentant du peuple, ministre
de la justice, chargé de présider le conseil des ministres,
en l'absence du président de la République ;

M. DROUYN DE LHUYS, représentant du peuple, ministre des affaires étrangères ;

M. LÉON DE MALLEVILLE, représentant du peuple,
ministre de l'intérieur ;

M. RULHIÈRES, général de division, représentant du
peuple, ministre de la guerre ;

M. DE TRACY, représentant du peuple, ministre de la
marine et des colonies ;

M. FALLOUX, représentant du peuple, ministre de l'instruction publique et des cultes;

M. LÉON FAUCHER, représentant du peuple, ministre des travaux publics;

M. BIXIO, vice-président de l'Assemblée nationale, ministre de l'agriculture et du commerce;

M. PASSY (HIPPOLYTE), membre de l'Institut, ministre des finances.